图解羽毛球 基础
技术与训练

视频学习版

人邮体育 主编

广东省羽毛球队
女单主教练 | 姚雪 编

U0125964

人民邮电出版社
北京

图书在版编目（CIP）数据

图解羽毛球基础技术与训练：视频学习版 / 人邮体
育主编；姚雪编. -- 北京：人民邮电出版社，2023.5
ISBN 978-7-115-60182-7

Ⅰ. ①图… Ⅱ. ①人… ②姚… Ⅲ. ①羽毛球运动—
图解 Ⅳ. ①G847-64

中国版本图书馆CIP数据核字(2022)第189183号

免责声明

内 容 提 要

本书由广州省羽毛球队女单主教练姚雪编写，旨在为羽毛球运动爱好者、羽毛球运动员等的
技术练习提供指导，并为羽毛球教练丰富教学内容和执教方法提供帮助。本书共 3 部分，第一部
分讲解了场地与装备、熟悉羽毛球及判罚规则等基础知识，第二部分重点讲解了羽毛球基本技术，
涉及基本姿势与步法、发球技术、击球技术，第三部分则重点讲解单打和双打的常用战术及体能
训练方法。全书内容系统完整，技术讲解详细，不仅采用了图文解读的方式展示内容，还提供了
部分技术动作的演示视频，扫描书中的二维码即可观看。

◆ 主　　编　人邮体育

　　编　　　姚雪

　　责任编辑　林振英

　　责任印制　马振武

◆ 人民邮电出版社出版发行　　北京市丰台区成寿寺路 11 号
　　邮编　100164　　电子邮件　315@ptpress.com.cn
　　网址　https://www.ptpress.com.cn
　　固安县铭成印刷有限公司印刷

◆ 开本：700×1000　1/16
　　印张：12.5　　　　　　　　2023 年 5 月第 1 版
　　字数：352 千字　　　　　　2024 年 8 月河北第 6 次印刷

定价：69.80 元

读者服务热线：(010)81055296　印装质量热线：(010)81055316
反盗版热线：(010)81055315
广告经营许可证：京东市监广登字 20170147 号

羽毛球属于隔网对抗的运动项目，双方球员灵活运用各种发球、击球和移动等技战术进行比赛。羽毛球运动具有竞技性、娱乐性、大众性等特点，老少皆宜，高水平运动员呈现的比赛观赏性强，业余爱好者的比赛则更侧重于强身健体、娱乐身心。

基于自身多年羽毛球运动的训练和执教经验，编者特撰写了这本书。本书主要是面向各类羽毛球专业运动队、羽毛球职业俱乐部、羽毛球培训机构、各级各类学校的教练和老师，以及羽毛球业余爱好者，目的在于为羽毛球从业者等提供专业、系统、科学的羽毛球运动技术学习、战术运用、体能训练等方面知识。

本书内容共分为 9 章，从羽毛球运动的器材、场地、装备、裁判规则等基础知识入手，对羽毛球运动的技战术做了详尽的阐述，结合单打、双打进行了实践讲解，并在最后讲解了羽毛球专项体能训练，基于羽毛球专项特征，提供了力量、速度、爆发力等素质的训练方法。

本书想要与读者们分享的是：

● 对于专业运动员，参加比赛时要精确运用技术和步法，根据实际情况巧妙安排战术；

● 对于业余爱好者，可尽可能提升整体技战术水平，创造以球会友的机会，进而获取更多不同水平的比赛体验；

● 对于刚开始学习的新手来说，科学运动非常关键，切忌急于求成。

限于编者的水平和经验，书中难免有疏漏之处，恳请广大读者批评指正。

目录

第5章 发球技术

第6章 击球技术

第三部分 羽毛球运动实战与提升

第7章 单打

第8章 双打

第9章 体能训练

第一部分

羽毛球基础知识

第 1 章

场地与装备

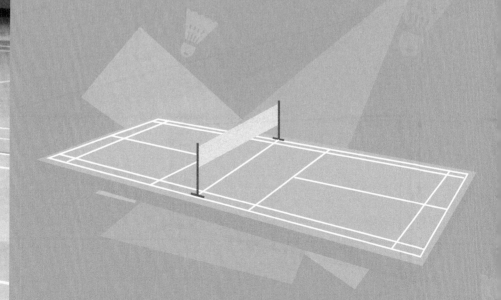

场地与器材

1.1

本章介绍羽毛球的基础知识，如场地、球网与网柱，以及球拍和球等。

▶ 场地

羽毛球场地是长方形的，长度为13.40m，单打场地宽度为5.18m，双打场地宽度为6.10m。球场的界线颜色为白色、黄色或者其他易被辨别的颜色（常见的多为白色），宽度为4cm，且所有界线均为其确定区域的组成部分。

▶ 球网与网柱

球网是长至少为6.10m、宽为0.76m的长方形（其他数据可见下图），由人造纤维制成。网孔是正方形的，球网上缝有白布，钢丝绳或者尼龙绳从中穿过，将球网固定在两个网柱之间。

网柱高1.55m，由金属和碳素材料制成，网柱稳固且同地面垂直，使球网保持拉紧的状态。应注意，在日常训练中不要随意压球网。

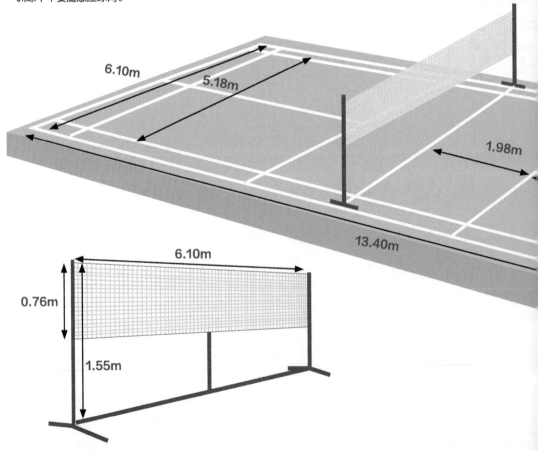

▶ 球拍

　　羽毛球球拍由拍头、拍杆和拍柄组成。球拍的参数决定了球拍是进攻型的还是技巧型的，球员可根据自己的需求进行选择。

　　甜区是指拍面的最佳击球区域。需要明确，甜区是一块"区域"不是"点"，不同的击球方式，使用的甜区中的击球位置也是有差异的。

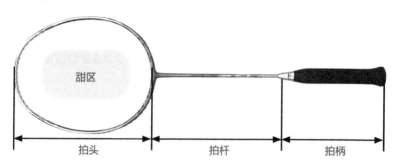

▶ 球

　　羽毛球的球托上固定着16根羽毛，每一根羽毛的长度是62~70mm，每一根羽毛从托面到羽毛尖的长度一致。

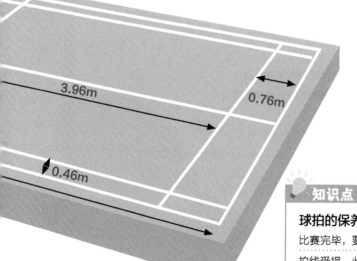

知识点

球拍的保养

比赛完毕，要及时将球拍放进拍套中，以防拍线受损。此外，拍线的硬度也会随着使用时间的增长逐渐降低，因此一般每6个月就该给球拍换新线。

1.2

服装与鞋

羽毛球比赛中服装和鞋是很重要的装备，选择舒适的服装和鞋能够在比赛中起到事半功倍的效果。

▶ 服装

打羽毛球所需要的服装面料要速干，且尺码合身；款式要有运动感，太紧或者太松的服装都会对运动造成障碍。

小提示

一般男装要比女装板型更为宽大，女装除了板型小之外，还要兼顾设计的美观大方。此外，质地上不要选择纯棉材质的服装，避免汗水不易蒸发，使服装贴在身上。

▶ 鞋

鞋是非常重要的装备，不仅要保证落地时能起缓冲作用，从而保护脚踝，还要能防滑。良好地包裹脚部和充分地帮助脚部散热是一双好鞋的必备条件。

鞋面透气

鞋底耐磨，抓地力强

第 2 章

熟悉羽毛球

控制羽毛球

扫码看视频

▶ 侧滑抄球

　　侧滑抄球就是让羽毛球球托对着自己，拍子从侧面铲过去，用拍头将球带起，然后逐渐放平的技术。

用球拍边缘将球抄起

球拍面向球并加大倾斜角度

▎双脚开立，将羽毛球置于身体前侧地上，正手持拍做好准备。

▎弯腰将球拍置于羽毛球一侧，观察二者之间的位置关系，准备抄球。手腕发力，迅速转动球拍拍面将球向上抄起。

🏸 不同角度

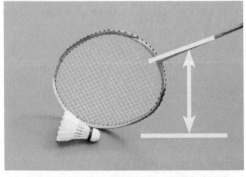

▲ 尽可能缩小球拍和地面的夹角，更易完成抄球。

几乎平行

▲ 球托部分对着自己，球拍与球几乎平行。

🏸 **小提示**

侧滑抄球时手的发力是比较重要的，不要用手臂的力量，而要用手腕翻转球拍的力量把球像勺子舀水一样抄起来。

将球抄起后，一边旋转拍面阻止球向左运动，一边挺直站立。

💡 **知识点**

抄球的注意事项

尽量不要在室外练习抄球，这样比较容易磨损球拍。技术好的运动员在抄球的同时可以不碰到地面。刚开始尝试的时候拍杆和地面的角度可以小一些，拍面和地面最好成 90 度。

🏸 **反手抄球**

▶ 颠球

　　运动员在日常训练中可以通过一些小练习来熟悉羽毛球的运动特性。通过旋转拍面颠球和停球，更好地熟悉羽毛球的运动规律，增强手对球的把控感。

扫码看视频

眼睛紧盯球

　　前臂不动，使球拍和前臂在一条线上，随即利用手腕向正上方推动球拍。之后用拍面迎球，重复颠球。

　　两脚开立，将球拍置于腹部前方端平，并将羽毛球放在拍面上。

通过一些颠球和停球的练习，运动员可以更好地控制羽毛球，而且在面对对方有力的来球时，颠球与停球可以起到卸力的作用。

▶ 停球

停球的训练方法

单手向上用球拍抛出羽毛球，球托向下的时候，拍面顺着球移动；当拍面与地面接近平行的时候将球截住（果断地旋转拍面使球停在球拍上）。

两脚开立，将球拍置于腹部前方端平，并将羽毛球放在拍面上。

手腕不动，随即向正上方推动球拍。观察空中的羽毛球，球托向下时，拍面顺着球移动。

球托向下时，球拍朝向球的侧面，顺着球的轨迹向下移，拍面与地面平行的瞬间用拍面将球截住（迅速旋转拍面使球停在球拍上）。

▶ 托球跑

托球跑训练的目的是让运动员体会用拍面将球推出去的感觉，做到用球拍托着球向前跑，球不掉落。可以在训练中加入一些游戏元素，提高运动员的积极性。

注意观察球托

右手持拍将球拍置于腹部右侧端平，将球放置于拍面上。观察球拍和球，向前跑。拍面倾斜，防止跑动中球掉落。盯着球向前跑，随时调整速度。

🏸 **小提示**

练习前设定一些规则，如几个人比谁跑得最快，落后者要接受惩罚，比如做俯卧撑等，这样可以提高运动员的积极性。

▶ 脚尖接羽毛球

脚尖接羽毛球的训练可以帮助运动员养成好的习惯,掌握打高球或者网前吊球时需要的向前移动的步法。

扫码看视频

供球者向练习者网前抛出羽毛球。练习者从基本站位向落球点移动。

球落地前伸出右脚

练习者移动到落球点。

用脚尖接球。

小提示

实际击球中,膝盖是弯曲的。因此在训练过程中,脚尖接触到羽毛球时要保持膝盖弯曲。

13

▶ 投抛羽毛球

投抛羽毛球的目的是为了掌握前后移动的方式，为步法练习打下基础。除此之外，投抛羽毛球和头顶球的打法是相通的。

扫码看视频

在基本站位处面向前方，做好准备。

从基本站位处开始移动，移动到前发球线处取球。

侧身后退至后场。

向远处大力抛出羽毛球后，取下一个球继续练习。

挥拍练习

挥空拍是不带球挥拍练习，以身体为中心，练习打头顶球的挥拍动作。运动员由上到下挥动球拍时，同时还要注意脚下的动作。

想象正前方有一面墙

想象来球的方向，右脚向后迈步做好准备，全身协调发力，挥动球拍，做击球动作。

小提示

挥空拍练习时最重要的就是要想象球的存在。想象一个个来球的方向，视线要对准击球点，这是非常有效的练习方法。

第 3 章

手势与术语

裁判手势与术语

羽毛球裁判在羽毛球比赛中有非常重要的作用，羽毛球裁判规则对羽毛球裁判手势有明确的规定。下面将详细讲解羽毛球裁判手势。

停止练习

比赛前，让双方运动员停止练习的动作。

换发球

换发球，手要指向发球方。

连击

黄牌 / 红牌 / 黑牌警告

暂停

小提示

在国际上，羽毛球裁判员有国家A级和B级两个级别。在我国，羽毛球裁判按级别从高至低分为国家A级、国家B级和一级、二级、三级裁判。

发球裁判手势与术语

发球裁判负责宣判发球员在发球时的违例，并协助裁判员管理羽毛球。

未连贯击球

一旦发球员和接发球员做好准备，任何一方不得延误发球。发球裁判挥动右臂向左，表示发球员的延迟发球违例。

过手（违例）

发球裁判垂直举起右手，表示拍杆或拍头未指向下方违例。

固定高度发球规则

发球员击球瞬间，整个球距场地地面距离超过1.15米时，发球裁判会将右手水平放置于肋骨间。

未击中球托

最初的击球点不在球托上时，发球裁判会右手指尖垂直轻触左手手掌（左手手指向前）。

发球踩线（违例）

发球击出前，脚不在发球区内，触线或者移动，发球裁判会将右手伸直，并指向抬起的右脚。

小提示

发球裁判员会协助裁判员检查场地、器材等，在比赛中局数打成一比一时，负责在场地中央网底下放置暂停标志。

司线员手势与术语

3.3

　　司线员是负责宣判是界内球还是界外球的裁判之一。司线员所应具备的素质是能长时间高度集中注意力，并以良好的视力、敏捷的反应，在最短时间内给出判断。

手势不要做得太快，要让主裁判看清，界外手势大概保持2秒。

界外

界内

不出声，此手势保持2~3秒。

未看清

此手势表示在某个角度，由于选手身体遮挡未看清是界内球还是界外球。

知识点

出牌判罚

羽毛球比赛中的出牌判罚有黄牌警告、红牌警告与黑牌警告。最后一种最为严厉。

小提示

遵守羽毛球比赛规则，守护比赛公平，是裁判员和司线员的基本工作准则，是比赛顺利进行的有力保障。

第二部分

羽毛球基本技术

第4章

基本姿势
与步法

握拍姿势

4.1

羽毛球的握拍姿势根据个人习惯和操作方法，分为几种不同的方式，包括正手握拍、反手握拍、钳式握拍、锤式握拍等。下面主要介绍正手握拍、反手握拍和握拍姿势的转换（全书均以右手为惯用手为例进行讲解）。

▶ 正手握拍

正手握拍是羽毛球运动中基础的握拍姿势。这种姿势运用广泛，尤其适合初学者使用。

虎口对准拍柄的窄面

手指之间留出空隙

🎾 不同角度

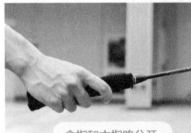

食指和中指略分开

❌ 错误动作

▲ **手指与手腕过于用力。**

小提示

不管是正手握拍还是反手握拍，五根手指都应该松弛有度，不能握得太紧。如果握得太紧，肩膀也会随之用力，这时就会影响手腕的灵活性。

▶ 反手握拍

在身体左侧用球拍反面击球时所用的握拍方法被称为反手握拍法。使用这种握拍方法时，拇指发力十分重要，因此其又被称为拇指握拍法。

掌心空出，方便手腕和手指发力

拇指第一指节紧贴拍柄的宽面，击球时拇指前顶发力

🏸 不同角度

拇指紧贴拍柄的棱线，而不是环绕

四指扣住拍柄

❌ 错误动作

▲ 握得太紧，手腕活动范围缩小。

🏸 小提示

羽毛球握拍的正确性，对提高羽毛球的技术水平有很重要的影响。

23

▶ 握拍姿势的转换

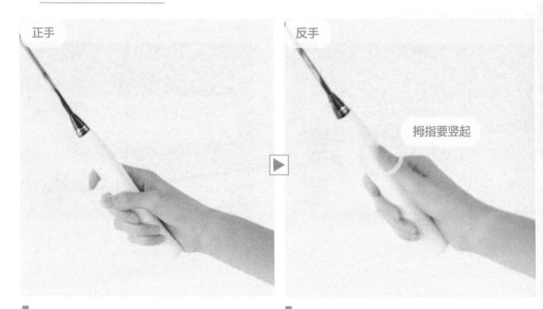

正手

反手

拇指要竖起

正手握拍时拇指横向贴在拍柄上。

将拇指慢慢竖起，转为反手握拍。

✂ 不同角度

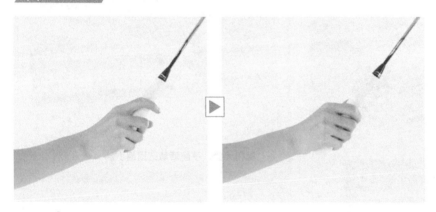

💡 知识点

打反手球用拇指发力

打反手球和正手球不同，打反手球时拇指发力特别重要。击球时要用拇指推动拍柄。

持球姿势

羽毛球持球按照所持的部位可以分为羽部持球、腰部持球以及特殊持球。下面讲解各种持球姿势和错误动作。

▶ 羽部持球

食指和拇指第一指节捏羽部

▶ 腰部持球

拇指、食指、中指和无名指持球腰部

▶ 特殊持球

中指和食指托住球托拇指控制住羽毛上端

小提示

羽毛球的持球方式比较自由，只要能够使球稳定且不影响发球，很多持球方式都可以使用。

❌ 错误动作

▲ 如果持球太紧或者太松，会导致发球失利。

基本站姿

4.3

　　基本站姿通常是指准备动作时保持的站姿，即双脚平行分开站立，与肩同宽，均匀分配身体的重心，保持平衡。

小提示

站位的中心位置为羽毛球场地的中心，站在此处方便应对全场范围内的来球。每次回球后，要回到站位的中心位置准备接球。

上身放松。肩膀用力或者挺直腰部都会导致动作迟缓。

握拍时立起拍面，使对方无法看到拍面。拍头稍向上斜。

膝关节略微弯曲，不要过分用力。

重心均匀，不要只落在一个点上。

知识点

中心位置为己方场地的中心

中心位置是指选手在己方场地所站立的位置。根据打法的不同，中心位置也不一样，一般在前发球线稍后的位置。

❌ 错误动作

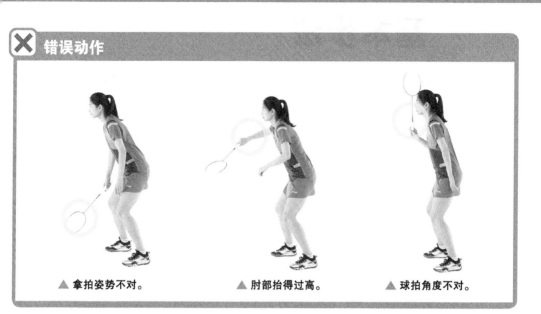

▲ 拿拍姿势不对。　　　　▲ 肘部抬得过高。　　　　▲ 球拍角度不对。

🏸 不同角度

基本步法

羽毛球步法是羽毛球运动中重要的基本技术，与手法相辅相成，不可分割。有了好的步法，才能更好地发挥手法技术，运动员在球场上才能表现得更出色。本章结合握拍方法讲解所有步法。

▶ 并步-向前

扫码看视频

脚尖着地

以基本站姿做好准备。

右脚迈向右前方，左脚脚尖着地。

左脚跟上，并于右脚脚跟，同时右脚接着迈向右前方，左脚脚尖着地，为下一次移动做准备。

▶ 并步-向后

扫码看视频

以基本站姿做好准备。

向右转体 90 度

以左脚为轴心，向右转体，同时右脚向后方迈出一步。

保持侧身，左脚并在右脚侧面后紧接着右脚向后方迈出一步，重复动作。

💡 知识点

并步的特点

并步轻盈而灵巧，一般用于调整步距、重心和运动方向。其优点是频率快，调整灵活且稳定性强，可用于多种击球方式。

▶ 交叉步-向前

扫码看视频

以基本站姿做好准备。

🎾 **不同角度**

🏸 **小提示**

交叉步的步子大,在移动的过程中,身体重心相对比较稳定。

将重心前移,顺势将左脚向前方迈一步。

待左脚完全与地面接触,同时右脚向前迈一大步。

▶ 交叉步—向后

向右转
体90度

以基本站姿做好准备。

右脚向后方迈一步，同时身体跟着向右转。

保持侧身，左脚向右脚的后方迈去，接着右脚向后移半步完成一个来回。

小提示

向后交叉步在打后场球时
使用的频率较高。

31

▶ 并步-横向

扫码看视频

以基本站姿做好准备。

重心右移

在准备姿势的基础上，将重心转移至右脚，左脚脚尖着地。

左脚并在右脚侧面

左脚跟步并在右脚侧面，同时右脚接着准备向右迈步。

右脚向右迈出

右脚向右侧迈出，完成一个来回。

🏸 小提示

并步移动简单、快捷，多在上网、接杀球和正手后退突击扣杀时使用。

▶ 蹬跨步

扫码看视频

以基本站姿做好准备。

抬右脚并向前迈一步，左脚脚尖撑地，增强下肢的弹跳力。

左脚跟步的同时右脚准备向前迈步。

拖曳

右脚向前迈一步，左脚脚尖点地。右脚即将完全接触地面时，左脚在地面上做一个拖曳的移动动作。

🏸 小提示

蹬跨步的特点是跨度大、速度快，常用于上网击球。当来球在一侧且距离较近时，可采用蹬跨步快速移动到位。

33

上网步法

4.5

上网步法，是配合前场击球的步法。使用上网步法时要注意保持身体平衡，到达击球位置时，前脚脚尖应朝边线方向，击球后迅速退回中心位置。上网时可采用蹬跨步、交叉步、交叉步加跨步等。

▶ 正手蹬跨步上网

图示

扫码看视频

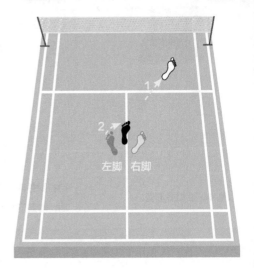

左脚　右脚

左脚蹬地发力

从基本站姿开始，判断来球之后，左脚蹬地发力，右脚向右前方迈出一大步。

右脚向右前方迈的同时身体快速移动，左脚脚尖拖曳跟进，减缓身体向右前方的冲力。

▶ 正手交叉步上网

从基本站姿开始，判断来球之后，右脚蹬地发力，左脚经右脚前方，向右前方跨出。

左脚着地后，右脚紧接着向右前方跨出一大步。

右臂外旋引拍，球拍朝向来球方向。

图示

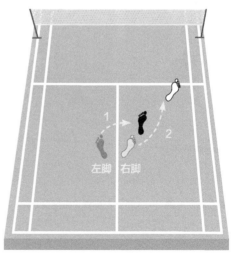

右脚脚跟先着地，之后踏实，挥拍击球，左脚脚尖内侧做拖曳动作。

▶ 正手交叉步加跨步上网

扫码看视频

从基本站姿开始，判断来球后，右脚向前迈出一大步，然后左脚从右脚前交叉前迈。

图示

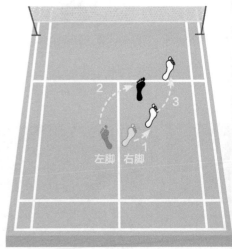

接着右脚向前跨出一大步。左脚脚尖做拖曳动作，到位击球。

小提示

正手交叉步加跨步上网多用于距离球较远时。运动员主要通过交叉步和跨步来完成移动。

▶ 反手蹬跨步上网

扫码看视频

以基本站姿做好准备。

小提示

反手上网步法是配合反手击球的步法。先转髋，然后向左前方做蹬跨步上网。这种步法适用于来球距离较近时。

图示

左脚 右脚

左脚蹬地发力，左脚调整微朝左，向左转髋，右脚向身体左前方跨出一大步，左脚脚尖内侧跟随做拖曳动作，同时反手握拍，用球拍反面击球。左臂向后打开，保持身体平衡。

▶ 反手交叉步上网

扫码看视频

图示

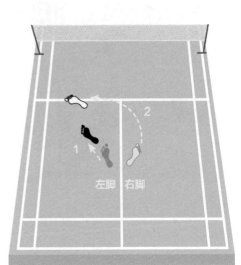

左脚 右脚

以基本站姿做好准备。

转为反手握拍

右脚脚跟先着地

左脚先向左前方迈一步，着地时直接蹬地。这时转为反手握拍。

右脚做交叉步，向左前方迈一大步，左脚脚尖做拖曳动作以辅助支撑。

▶ 反手交叉步加跨步上网

扫码看视频

以基本站姿做好准备。

左脚蹬地，向左转髋，右脚迈向身体左前方。

左脚向左前方做交叉步，同时右臂内旋，反手握拍，用球拍反面迎球。

图示

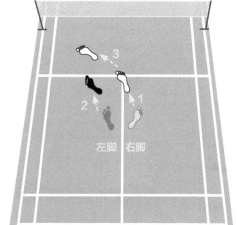

3

2

1

左脚　右脚

左脚落地后，右脚向左前方跨出一大步，左脚脚尖内侧跟随做拖曳动作。右脚落地后击球。

🏸 小提示

如果距离击球点较远，右脚跨出一步无法到达合适的击球位置，可以结合采用交叉步和跨步来上网。

两侧移动步法

中场步法在接杀球时运用得最多。步法到位，接杀球成功率高；步法不到位，则接杀球很难成功。因此，接杀球的步法很重要。

▶ 正手蹬跨步接杀球

扫码看视频

以基本站姿做好准备。

图示

向右转髋，身体重心在右脚

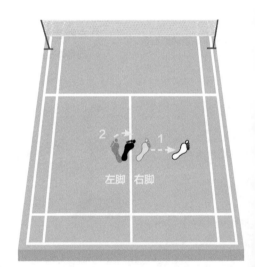

左脚 右脚

🏸 **小提示**

中场步法一般分为一步法和三步法。如果来球距离身体较近，则采用一步法；若距离身体较远，比如来球靠近边线，则采用三步法。

判断来球后，左脚蹬地，向右转髋，右脚向右方跨出一步。

▶ 正手垫步加跨步接杀球

扫码看视频

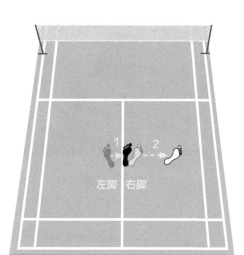

图示

左脚 右脚

以基本站姿做好准备。

小垫步

观察到来球后,左脚向来球方向做小垫步,靠近右脚。
左脚在落地的同时用力蹬地。右脚接着向右跨步。

右脚跨出一大步的同时,左脚脚尖内侧稍稍拖
地跟行。

41

▶ **反手蹬跨步接杀球**

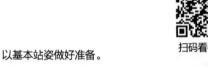

扫码看视频

以基本站姿做好准备。

图示

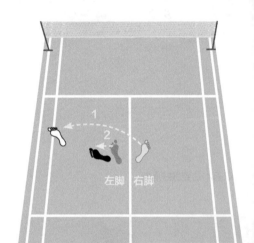

左脚蹬地发力，转体转髋

小提示

当对方发来的杀球距离较近时，可以直接向左侧蹬跨步接杀球。

左脚蹬地发力，转髋转体，同时正手握拍改为反手握拍。右脚向左侧跨出一步，左脚脚尖稍稍拖地跟行。

▶ 反手垫步加跨步接杀球

扫码看视频

图示

左脚　右脚

以基本站姿做好准备。

小垫步

观察到来球后，左脚向左侧垫一小步，向左转体转髋，同时改为反手握拍。

左脚落地的同时用力蹬地，右脚向左跨出一大步，左脚脚尖处于蹬地状态。

43

后退步法

后退步法是指为了击打后场球，从中场退往后场所使用的步法，所以又称为后场后退步法。

▶ 正手一步后退步法

图示

扫码看视频

以基本站姿做好准备。

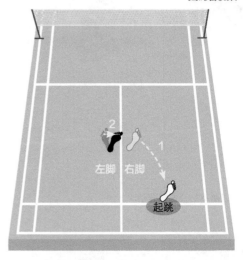

蹬转步

判断来球之后，以左脚为轴心，并调整朝向，向右转髋转体，同时右脚向来球方向迈出一步。

身体重心下沉，右脚主要蹬地发力，双脚迅速起跳击球。

▶ **正手两步后退步法**

扫码看视频

蹬转步

并步

| 以基本站姿做好准备。 | 判断来球之后右脚向后跨出一步，同时屈髋转体。左脚向右脚并步。 |

图示

左脚 右脚

1

2

3

起跳

🏸 **小提示**

起跳后身体向右侧倾斜，因此右脚先落地。当左脚落地时，右脚起缓冲作用以稳定身体重心。

身体重心下沉，双脚起跳击球。

45

▶ 正手三步后退步法

以基本站姿做好准备。

判断来球之后，以左脚为轴，右脚向后跨出一步，同时屈髋转体。

左脚经右脚后面做交叉步。

右脚向来球方向跨出一大步，双脚起跳，挥拍击球。

图示

▶ 头顶正手一步后退步法

扫码看视频

以基本站姿做好准备。

判断来球之后，向来球方向转体转髋。右脚伴随转髋向后方跨出一大步，右臂顺势向后方引拍，左臂配合抬起。

右脚蹬地发力，双脚起跳击球。起跳时，右脚撑地跳起，并向后方引拍击球。

图示

小提示

起跳击球的同时左脚向后做交叉步，双脚在空中完成前后转换。

47

▶ 头顶正手两步后退步法

扫码看视频

以基本站姿做好准备。

判断来球之后，向来球方向转体转髋。右脚伴随转髋向后方跨出一大步，右臂顺势向后方引拍，左臂配合抬起。左脚向右脚并步。

左脚落地后蹬地发力，带动身体向上跳起，并向头部后方引拍，准备击球。

图示

▶ 反手两步后退步法

以基本站姿做好准备。

判断来球之后，右脚发力，左脚向左后方迈出一步，向后转身。

转为反手握拍，转身后右脚向右前方跨出一大步，挥拍击球。

图示

左脚　右脚

第5章

发球技术

发球区和发球分类

发球技术的好坏,有时直接关乎比赛的胜负。拥有好的发球技术是打好羽毛球的第一步(必备技术)。下面介绍发球区和发球分类。

▶ 发球区

单打发球区

双打发球区

发球区

发球区

小提示

发球时双方站在对角的发球区,但不能踏及发球区的界线。

▶ 发球分类

各种发球弧线示意如下。

A:网前球弧线

B:平快球弧线

C:平高球弧线

D:高远球弧线

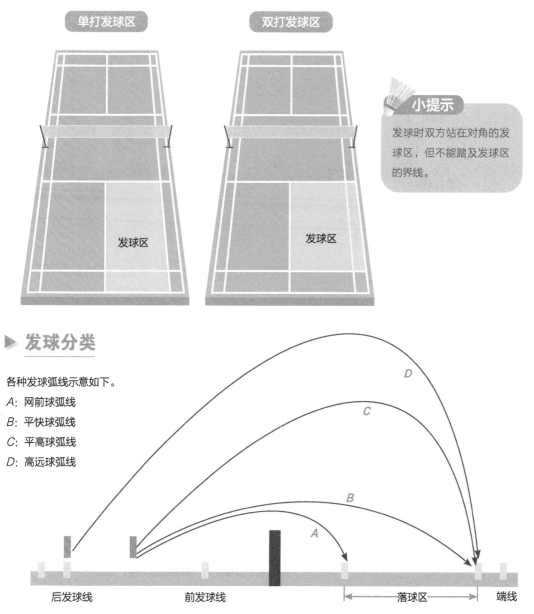

D

C

B

A

后发球线　　　　前发球线　　　　　　落球区　　　端线

51

常见的发球技术

良好的发球技术是开局就占据优势的关键，因此，无论什么水平的球员针对发球进行重复训练是必不可少的技术强化环节。

▶ 正手发网前球

扫码看视频

双脚前后开立，左脚在前，右脚在后。左手持球上举，右手持拍举在身体右侧。

右手正手握拍自然举至身体的左后侧，前臂外旋，上身由侧身对网转为正对网，重心移至左脚，髋部也随之转为正对网。

击球时自然挥动球拍，直至手臂伸直。

知识点

发网前球的要点

当右手向前移动时，手腕的动作幅度很小或者几乎没有，因此要将球轻轻地推过网，而不是用力地击打球。随挥动作时间也很短，发球结束就停止挥拍。

右手前臂内旋，手臂略微弯曲，将球上挑过网，向右前方成切削式将球击出。

▶ **反手发网前球**

扫码看视频

双脚前后开立，与肩同宽。右脚在前，左脚在后。

重心在右脚。左手持球在体前，右手反手持拍在球的后方，拍头略微向下。

右手上臂不动，前臂带动手臂，手腕带动拇指，拇指发力向前推动球拍，将球击出。

💡 **知识点**

利用手腕推球

反手发网前球时要体会用拍面将球推出的感觉。由于反手发球的路线不稳定，为了避免球下网，在练习中要注意锻炼手腕的力量。

53

▶ 正手发高远球

扫码看视频

大幅度引拍

▌双脚前后开立，左脚在前，右脚在后。左手持球上举，右手持拍举在身体右侧。

▌右手上臂外旋，向后大幅度引拍，右脚脚跟抬起，顺势转体转髋，身体重心前移，左手将球自然松开，右手将拍自下而上沿弧形做回环引拍动作。

球拍随挥

小提示

发高远球时容易打出单打边线，这时可以将起始站立位置往后移到更靠近中场的位置。

▌击球时手腕发力，前臂内旋。展腕，屈指发力将球击出。击球后，右臂随着惯性挥拍至身体左上方。

▶ **反手发高远球**

扫码看视频

双脚前后开立，右脚在前，左脚在后，左脚脚跟抬起。左手持球在体前，右手持拍放于球的后方。

右手在身体前引拍，拍头于左侧腰腹前垂下，左手持球于拍前。

> 🏸 **小提示**
>
> 发出高质量的高远球，可以在一定程度上限制对手进攻技术的发挥，使对手接高远球时不容易马上进攻。

左手自然放开球，右手上臂带动前臂，前臂带动拇指，拇指用力推动球拍将球击出。

55

▶ 正手发平快球

扫码看视频

双脚前后开立，左脚在前，右脚在后。左手持球上举，右手持拍举在身体右侧。

右手手臂后摆，手腕外展，向身体后方引拍，重心向前移。

向左侧转体，身体正对球网，右手持拍向前挥。

击球点不要超过腰线

左手自然放开球，右手挥拍击球。击球时，前臂带动手腕发力，用爆发力将球击出。

知识点

引拍之后打不到球的解决方法

如果引拍后打不到球，解决方法是考虑缩短引拍的距离、握拍更靠前一些，或者从较低的高度放开球。

▶ 反手发平快球

扫码看视频

双脚前后开立，右脚在前，左脚在后，左脚脚跟抬起。左手持球在体前，右手持拍放于球的后方。

右手向身体的方向稍引拍，拍头置于左侧腰腹前，左手持球于拍前。

右手前臂带动手腕，向上推送球拍。球拍的摆动幅度要小一些，用爆发力将球击出。

小提示

反手发平快球时主要依靠的是发球节奏的变化，并且在触球的最后一刻才将球击出。因为反手发平快球的准备姿势与反手发网前看起来一样，因此可能会出乎对手的意料，具有一定的欺骗性。

常见的发球犯规行为

发球有诸多详细规则，在此仅介绍发球的有效范围和有代表性的违例。过手违例容易理解，但是过腰违例则需要预先了解一些知识。

▶ 合法发球

合法发球即发球要符合羽毛球的比赛规则。一旦发球员和接发球员做好准备，任何一方不得延误发球。发球时脚不得踩发球区的任何界线。双方站好位置，发球员的球拍一挥动即开始发球，发球员的球拍必须连续向前挥动直到球发出。

一旦发球员开始挥拍，而未击中球，则视为发球违例。

▶ 发球过手

正确的发球：将肘部抬起，拍头向下，击球时向前推出球拍，而不是横向提起球拍。

发球过程中，击球瞬间球拍顶端没有明显朝下，拍头没有明显低于手部，则被视为过手违例。

▶ 发球过腰

正确的发球：有意识地抬头观察球拍位置，尽量保持手部不超过腰部。

发球击球瞬间，球的任何部分高过发球员腰部，均被视为过腰违例。发球不能过腰，主要是防止发球员在发球时击球点过高，对接发球员造成威胁。

小提示

要注意的是，在羽毛球运动中，规定肋骨最下边的高度为腰线的高度。

▶ 脚踩线

脚踩在发球线上或者触及发球线。

发球实战训练

5.4

练习者进行发球实战训练，可以掌握如何在发球中占据主动。本节介绍正反手发网前球、高远球、平高球和平快球的发球训练。

▶ 网前球的发球训练

正手发网前球训练

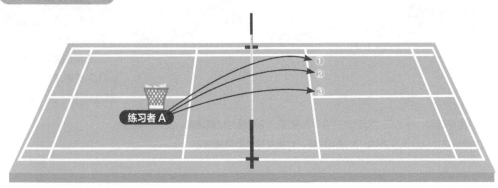

击球路线 ⟶

练习者A站立在右侧场地，左手附近放置一筐羽毛球，以正手分别向对方右前场①、②、③处发网前球。30个为一组进行练习。

反手发网前球训练

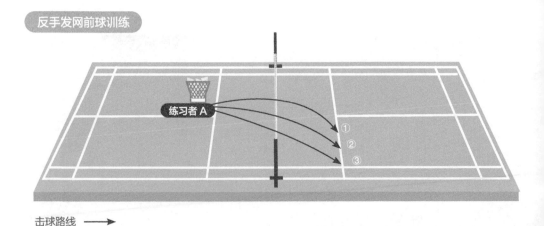

击球路线 ⟶

练习者A站立在左侧场地，左手附近放置一筐羽毛球，以反手分别向对方左半区中①、②、③处发网前球。30个为一组进行练习。

▶ 高远球的发球训练

正手发高远球训练

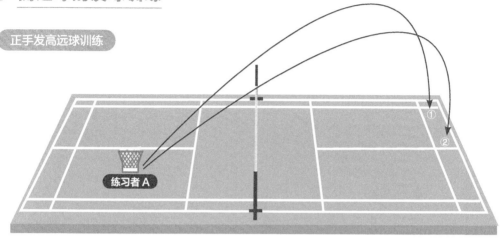

击球路线 ——→

练习者A站立在右半区中场，左手附近放置一筐羽毛球，以正手分别向对方右后场①、②两处发高远球。30个为一组进行练习。

反手发高远球训练

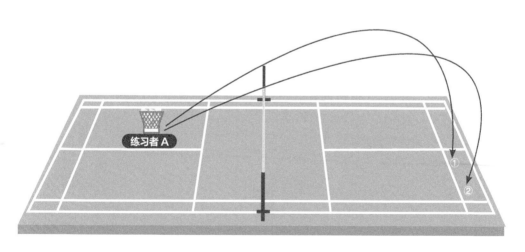

击球路线 ——→

练习者A站立在左半区中场，左手附近放置一筐羽毛球，以反手分别向对方左后场①、②两处发高远球。30个为一组进行练习。

▶ 平高球的发球训练

正手发平高球训练

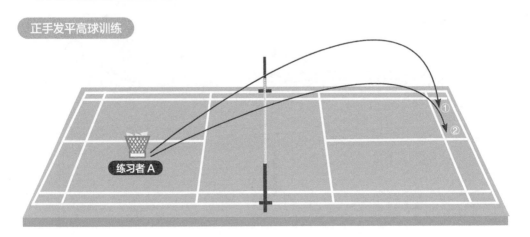

击球路线　⟶

　　练习者A站立在右半区中场，左手附近放置一筐羽毛球，以正手分别向对方右后场①、②两处发平高球。30个为一组进行练习。

反手发平高球训练

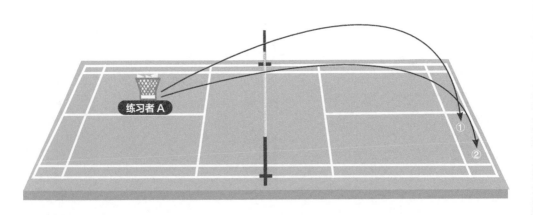

击球路线　⟶

　　练习者A站立在左半区中场，左手附近放置一筐羽毛球，以反手分别向对方左后场①、②两处发平高球。30个为一组进行练习。

▶ 平快球的发球训练

正手发平快球训练

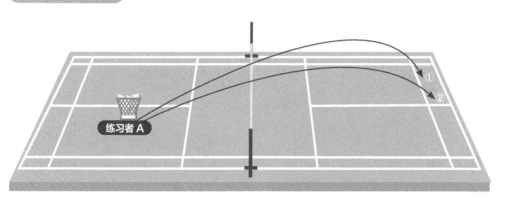

击球路线 ⟶

　　练习者A站立在右半区中场,左手附近放置一筐羽毛球,以正手分别向对方右后场①、②两处发平快球。30个为一组进行练习。

反手发平快球训练

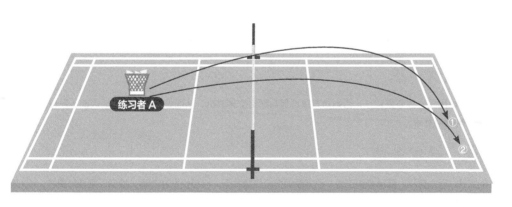

击球路线 ⟶

　　练习者A站立在左半区中场,左手附近放置一筐羽毛球,以反手分别向对方左后场①、②两处发平快球。30个为一组进行练习。

发球战术

5.5

发球时，最大限度地限制对方的进攻，同时准备好自己的下一次进攻，是羽毛球发球战术的核心和目的。下面介绍几种常见的发球战术。

▶ 发底线球

右发球区发底线球　　　　　　　　　　　**左发球区发底线球**

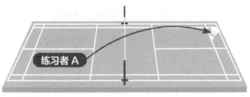

击球路线　——▶

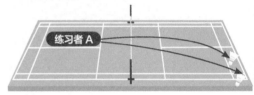

击球路线　——▶

在右接发球区，一般接发球者在中线附近，此时可以发后场球，球的飞行时间长，自己有充分的时间调整状态并准备下次击球。

在左接发球区，一般接发球者在中线和边线的中间，此时向对方后场发球，球靠近中线或者边线，也可以为自己争取时间准备下次击球。

▶ 反手发球

可以多采用反手发球，反手发球的优点在于动作较小，隐蔽性很强，对方不容易判断来球的方向，可以使己方有更多反应时间，从而占据主动。

▶ 发追身球

追身球就是直接追向对方身体的球。发追身球就是有意往对方身体上发球，迫使对方降低身体高度向侧边躲避。追身球速度快，路线平而长，容易打乱对方接球的节奏。如果追身球发好，发球方容易占据主动。

▶ 变换节奏发球

不能总是用同一种节奏发球，否则对方很容易判断出发球时机，从而做好反击准备。因此，发球要有快有慢，控制好发球的节奏。

▶ 快速、连续发球

在战况对己方有利、赢球势头正盛、己方频频得分的情况下，应加快发球节奏，捡球、发球都要快，给对方造成压力，使其得不到调整的机会。

▶ 发贴近中线的平高球

发贴近中线的平高球很容易干扰对方的判断，让对方误以为会发错区，从而对待来球放松警惕。不过在发这类球时，发球方也要谨慎，要把握好技术，否则可能真的会发错区。

第6章

击球技术

击球方式

6.1

发球后，练习者有五种击球方式可供选择，这五种方式包括高远球（防守高远球和攻击高远球）、抽球、杀球、吊球和网前球，下面将详细讲解这些击球方式。

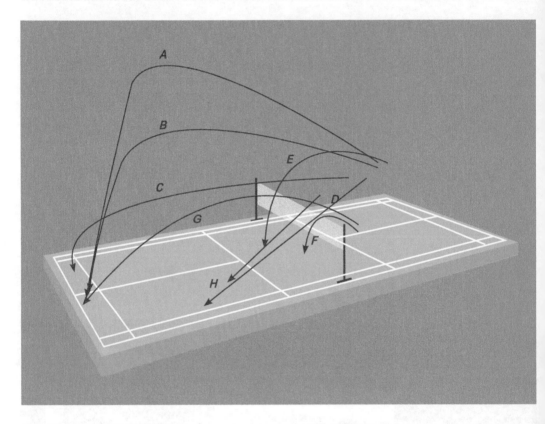

不同击球方式下球的弧线如上图所示。

A: 防守高远球

（从场地的后场将球以较大的弧度还击到对方后场）

B: 攻击高远球

（从场地的后场将球以较平的弧度还击到对方后场）

C: 抽球

（击出的球以与地面平行或者稍向下的弧线飞向对方场地）

D: 杀球

（从场地的中后场将来球用力向前下方快速扣压至对方场地）

E: 吊球

（从场地的后场将来球向前下方还击到对方的近网区域）

F: 网前球

（从场地的网前区域将球还击到对方的网前区域）

G: 挑球

（从场地的网前区域将球挑到对方的后场区域）

H: 扑球

（在球刚到网顶时立刻上网向斜下方扑压球）

6.2 前场击球技术

羽毛球场地中，从球网到前发球线的区域是前场区域。前场区域的击球技术主要有放网前球、搓球、勾球、推球、挑球、扑球等。

▶ 正手放网前球

扫码看视频

以准备击球的姿势站立。

观察来球的方向，以正手上网步法快速向来球方向移动，右手握拍伸向右前方。

拍面略向前倾

击球时左手抬起，以平衡身体

🏸 小提示

放网前球也叫放网，是用拍面轻击对方打到己方前场和中场的球的球托，使球自然向上弹起，球过网就向下坠落至对方网前区域的一种击球技术。

准备击球时，左臂后伸，以协调右臂，右手握拍稍稍放松，前臂外旋，用球拍切削球托，使球掉落在对方网前。

67

▶ 反手放网前球

扫码看视频

以准备击球的姿势站立。

右脚向来球方向迈出一大步，右手握拍举起，斜对球网伸向来球。

小提示

反手放网前球需要用手腕的力量将球切削出去，需控制好手腕的力度，力度不能过大。

准备击球时，右手略微收腕，用球拍切削球托，争取在高点击球，使球落在对方网前。

▶ 正手搓球

扫码看视频

以准备击球的姿势站立。

观察来球的方向，用正手上网步法快速向来球方向移动，右手伸向右上方。

小提示

搓球的动作幅度小，训练效果好。如果搓球的动作幅度过大，球就会往高处走，变成对方的机会球。

引拍时手腕处于展腕状态，击球时手腕由展到收，由外向内转动球拍，使球拍轨迹成弧线。击球瞬间切削球托的底部右后侧，使球沿顺时针方向旋转。

▶ 反手搓球

以准备击球的姿势站立。

观察来球的方向，以反手上网步法向来球方向移动，右手伸向左上方准备迎球。

向左上方引拍，手腕动作由展到收，球拍的轨迹成弧线。击球的瞬间切削球托的底部，使球沿逆时针方向旋转。

💡 知识点

常见错误及纠正方法

常见错误：击球时，拍面后仰的角度不够。纠正方法：用慢搓来回击对方的球，拍面后仰前送。

常见错误：击球瞬间没有切击到球托的正确位置，球无法旋转。纠正方法：多练习对搓，用拍面切击球托。

常见错误：击球时动作幅度过大，用前臂弹击球。纠正方法：反复练习搓球的动作，用手腕发力。

▶ **正手勾球**

球拍向右前上方举起

以准备击球的姿势站立。

观察来球的方向，快速移动到合适的击球位置。右手伸向右前上方。前臂向上举拍，提高身体重心。

手腕稍下放

击球时手腕先下沉，接着内旋，食指和拇指旋转拍柄，拨击球托右侧下部，使球沿对角线方向坠落到对方网前。

▶ 反手勾球

以准备击球的姿势站立。

观察来球的方向，用反手上网步法向来球方向移动，同时球拍自然前举。

前臂外旋

击球时肘部下沉，同时前臂外旋，手腕微屈，接着闪腕，拨击球托，使球沿对角线方向飞越到对方网前。

正手推球

扫码看视频

以准备击球的姿势站立。

观察来球的方向，运用正手上网步法向来球方向移动。同时球拍自然前举。

> **小提示**
>
> 如果推出去的球速度慢且动作一致性差，可以避免挥动前臂使动作幅度变大，要使用手指的爆发力击球。

击球前前臂稍外旋，手腕向后伸，拍面稍上扬。击球时肘关节伸展，前臂内旋，拍面迎球推击出去。

▶ 反手推球

扫码看视频

小提示

如果推球时手臂发力，动作幅度过大，就会将球推到界外。这时可以利用手腕和手指发力，手腕抖动，手指捻动球拍击球。

▍以准备击球的姿势站立。

▍观察来球的方向，运用反手上网步法向来球方向移动。同时球拍自然前举。

手指收紧，拇指和食指向外侧捻动球拍

▍击球前前臂稍内旋，手腕向后伸，拍面上扬。击球时前臂稍外旋，手腕由外展到伸直，闪腕，拇指和食指发力击球。

▶ **正手挑球**

扫码看视频

以准备击球的姿势站立。

观察来球的方向，运用正手上网步法向来球方向移动。右脚向前迈出一大步，击球前前臂外旋，手腕向后伸，准备引拍。

以肘关节为轴，前臂内旋带动手腕，用食指和手腕的力量将球向前上方击出。

🏸 **小提示**

正手挑球挥拍时：挥拍到身体右前上方，则挑出直线高球；挥拍到身体左上方，则挑出对角线球。

▶ 反手挑球

扫码看视频

以准备击球的姿势站立。

观察来球的方向，运用反手上网步法向来球方向移动，同时右臂向后拉准备引拍，并调整为反手握拍。

右臂外旋，拇指前顶，从下向上大幅度挥拍，将挑向对方后场。

小提示

挑球时击球速度慢，动作一致性差时，解决方法是控制好球拍后引的幅度，用食指和手腕的力量击球，避免肩关节发力。

▶ 正手扑球

扫码看视频

手腕是控制力量的关键

以准备击球的姿势站立。

观察来球的方向，右脚蹬跨的同时腾空跃起，右手前臂向前上方伸，右手举起球拍正对来球方向。手腕闪动，通过手指的力量将球扑下。

扑球后注意缓冲，后退，恢复起始姿势，准备下次击球。

▶ 反手扑球

扫码看视频

击球时瞬间握紧球拍

以准备击球的姿势站立。

观察来球的方向，身体腾空上网时，前臂前伸并举起球拍。击球时，手臂由屈到伸，手腕闪动，瞬间握紧球拍，拇指发力，加速挥拍扑击。

扑球后球拍随手臂收回至体前，恢复起始姿势，准备下次击球。

小提示

扑球是指当来球在球网上方时，快速反应，迅速上网斜下扑压，是网前进攻技术中威慑性较大的技术。扑球的关键在于判断要快，同时出手速度和球速也要快，这样才能威慑对方。

中场击球技术

6.3

中场击球技术，主要用于接对方的杀球，基本技术有挡网前球、抽球等。学习接杀球时，速度要快，手腕要灵活。

▶ 正手挡网前球

挡直线网前球

扫码看视频

以准备击球的姿势站立。

用接杀球的步法向右半区的边线移动。

身体向右侧倾斜，右臂右伸，前臂外旋，手腕外展，击球时前臂内旋，将球拍从身体的右下方向前上方推送，将球直线挡向网前。

挡斜线网前球

扫码看视频

挡斜线网前球的准备动作和挡直线网前球的动作相同，只是在击球时用手腕的力量控制拍面在合适的角度击球。

小提示

击球时，前臂内旋并伸腕。挡斜线网前球时向对角方向勾切；挡直线网前球时可以根据来球速度，通过拍面运动形成的弧线来切击球托。

图示

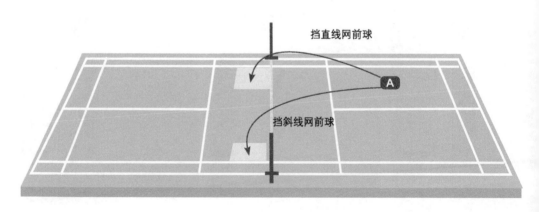

挡直线网前球

A

挡斜线网前球

击球路线 ⟶

▶ 反手挡网前球

挡直线网前球

以准备击球的姿势站立。

移动至左半区边线。身体向左侧转动，右肩正对网，手肘弯曲，外展手腕向左肩方向引拍。

击球时，借对方来球的冲力，前臂带动球拍由左上方向左前方轻击球托，把球直线挡回网前。

挡斜线网前球

扫码看视频

以准备击球的姿势站立。

移动至左半区边线。身体向左侧转动，右肩正对网，手肘弯曲，外展手腕并向左肩方向引拍。

击球时，手腕闪动挥拍，击打球托的左侧下部，使球沿对角线网前掉落。

小提示

无论是挡直线网前球还是挡斜线网前球，接杀球还是抽球，准备动作基本都相同。练习时要仔细观察和体会不同技术细微的差别。

▶ 正手抽球

| 以准备击球的姿势站立。 | 观察来球的方向，身体右转，右脚向右前方迈出，右手前臂外旋伸腕，向后引拍，拍面稍后仰。 |

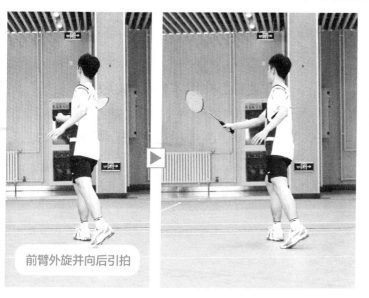

前臂外旋并向后引拍

小提示

来球高度在肩部和膝盖之间，且来球在正手一侧时，练习者可以选择正手抽球。

右脚落地，右肘关节后摆，前臂外旋并向后引拍。击球时手腕伸直，球拍从右后方向前平抽来球。

▶ 反手抽球

扫码看视频

以准备击球的姿势站立。

观察来球的方向，身体左转，右脚向左前方迈出一步，右手转为反手握拍，肘部上抬，前臂内旋，引拍至左侧。

💡 知识点

拍面放平时打不到球的解决方法

若击球时拍面放平打不到球，则可以及时调整握拍姿势为反手，拇指竖起来。回击来球时，前臂带动手腕发力。

击球时前臂外旋，闪动手腕挥拍，击打球托底部。击球后回到起始位置。

后场击球技术

　　后场击球技术是羽毛球技术的重要组成部分，它关乎羽毛球比赛的结果。因此，练习者需要掌握后场击球技术。

▶ 正手击高远球

扫码看视频

`正手击直线高远球`

以准备击球的姿势站立。

观察来球的方向，向右侧身，转体转髋，向后场移动。右手持拍，屈肘上举，左手自然上举以保持平衡。

以肩部为轴，向后画半弧线引拍

拍面向前

当球下落到合适的位置时，向左转体转髋，向后引拍。

击球时前臂外旋，然后急速内旋，带动手腕向前上方挥拍，同时手指用力，用拍面击打球托的后下方，使球沿直线方向飞行。击球后，持拍手随着惯性向下方挥拍至体侧。

85

扫码看视频

正手击斜线高远球

正手击斜线高远球的准备动作和正手击直线高远球基本一致，只是在击球时手指用力，用拍面击打球托的右下方，这样球就会沿对角线方向飞行。

💡 知识点

直线球和斜线球的区别

- 回直线球时前臂发力，回斜线球时手腕发力。
- 回斜线球时击球点更高。

🏸 小提示

回斜线球时，球过网之后就要抢高点击球，这样才能更加主动地控制好拍面的角度和球的落点。击球前后压腕，发力会更大，用手腕的力量配合拍面的角度来打出斜线球。

▶ 反手击高远球

反手击直线高远球

以准备击球的姿势站立。

观察来球的方向，向左后侧身，转体转髋，转为反手握拍，背对球网向后场移动。

> 击球时拇指侧压，与手腕配合，同时双脚蹬地转体

击球时肘部上抬，向胸前引拍，上臂带动前臂急速外旋并展腕，拇指和手腕发力，将球击打到对方后场。

反手击斜线高远球

以准备击球的姿势站立。

观察来球的方向，向左后侧身，转体转髋，背对球网，转为反手握拍，肘部上抬，引拍于胸前，拍面朝上。

小提示

反手击高远球要配合全身的力量才能将球打远。要做到整个身体协调发力，就要利用正确的反手后场步法。

击球时，上臂带动前臂急速外旋并展腕，拇指和手腕发力，用拍面击球托的左下方，让球沿着对角线的方向飞行，变成斜线高远球。

知识点

直线高远球和斜线高远球的特点

高远球有直线和斜线之分。相对来说，直线球距离短、下落快；斜线球可以在大范围内调动对手，从而消耗对手的体力。

实际运用中，如果发力不太好，就打直线高远球；如果发力好，打高远球容易出底线，这时根据对手的站位可以选择打斜线高远球。

▶ 正手击头顶高远球

扫码看视频

以准备击球的姿势站立。

注意来球方向,向右侧身,重心在右脚,左肩正对网,左手自然上举保持平衡,右手持拍举于头顶。

小提示

后场击头顶高远球和后场正手高远球都属于正手技术,只是球的落点位置不同。练习者需要在蹬转角度和击球动作上略做调整。

准备迎球时,向左侧转体转髋,同时上臂上抬,前臂后伸引拍至身后。击球时右脚蹬地,上臂带动前臂急速内旋,内旋幅度大于正手击高远球,同时屈腕,用拇指和食指发力击球。

89

▶ 正手吊球

扫码看视频

正手直线吊球

转动上身以迷惑对手

以准备击球的姿势站立。

注意来球方向，向右侧身，左肩正对网，左手自然上举保持平衡，右手持拍举于头顶。双脚蹬地发力，向来球方向移动。

手腕闪动，切击球托

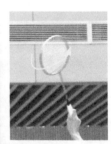

拍面旋转角度

准备迎球时，前臂后伸引拍于身后。击球时，迅速向左转体转髋，上臂带动前臂向前上方挥拍，手腕轻微发力，手臂不发力，球拍正面切削球托下方，向前方挥拍，使球飞向对方网前附近。

小提示

高质量的吊球有一个很重要的特点就是具有迷惑性。做吊球的准备动作时，要进行转体、侧向站立，这种上身大幅度转动，可以使对方不能准确地判断出我方意图。

扫码看视频

正手斜线吊球

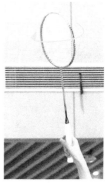

拍面旋转角度

正手斜线吊球和正手直线吊球的击球前动作基本一致，只是需在击球时控制拍面旋转角度，将拍面略微倾斜，使其与球的接触面积更大。

💡 知识点

吊直线和吊斜线的区别

不管是吊直线还是吊斜线，遵循的动作原理都是一样的：用拍面切击球托，产生摩擦力。

吊斜线

吊直线

球拍向左的角度越大，
球飞行的路线就越斜

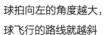

▶ 反手吊球

扫码看视频

反手直线吊球

以准备击球的姿势站立。

注意来球方向，向左侧身，转体转髋，转为反手握拍，抬右肘准备迎球，右手迅速引拍到身体左下方。

尽可能在高点击球

小提示

反手吊球击球前的动作和反手击高远球相同，不同之处在于触球瞬间对拍面的掌握和力量的运用。

击球时，迅速向右转体，肘部上抬，前臂外旋，带动手腕和手指发力，以球拍的正面切削球托的下方。

反手斜线吊球

以准备击球的姿势站立。

注意来球方向，向左侧身，转体转髋，转为反手握拍，抬右肘准备迎球，右手迅速引拍到身体左下方。

小提示

击球时，直线球要用球拍正面切削球托的下方，向对方右侧网前发力；斜线球是用球拍正面切削球托的左侧，向右下方挥拍，朝对方左侧网前发力。

击球时，迅速向右转体，肘部上抬，前臂外旋，带动手腕和手指发力，以球拍的正面切削球托的左侧，向右下方挥拍。

▶ **劈吊**

扫码看视频

以准备击球的姿势站立。

向右侧身，左肩正对网，左手自然上举保持平衡，右手持拍置于头顶。判断来球方向之后，双脚蹬地发力，向来球方向移动。

出手速度要快

小提示

相对于劈吊球来说，前面讲到的技术称为轻吊球技术。建议初学者从轻吊球技术开始学。与劈吊球相比，轻吊球在空中飞行的速度较慢，但球的落点比较近网，能够尽可能地拉大对手移动的距离。劈吊球的隐蔽性也比轻吊球好，但球的落点比轻吊球离网远一些。

准备迎球时，迅速向左转体，前臂后伸引拍于身后。击球时，右臂向上伸到最高点，前臂外旋带动手腕和手指用力，球拍向右前方挥动，用斜拍面切球托的右后侧，使球向前下方飞行。

扫码看视频

▶ **正手杀球**

正手杀直线球

以准备击球的姿势站立。

向右侧身，左肩正对网，左手自然上举保持平衡，右手持拍置于头顶。判断来球方向之后，双脚蹬地发力，向来球方向移动。

小提示

杀球的击球点比高远球要低一些，这样更有助于将球下压。杀球点要尽量在身体的前方，否则会影响发力。

迎球时，前臂后伸引拍于身后。击球时，手臂充分放松，右手前臂外旋，快速往前上方移动，同时，急速内旋带动手腕闪腕，利用爆发力，向正前下方击球。

正手杀斜线球

扫码看视频

以准备击球的姿势站立。

正手杀斜线球的击球前动作和正手杀直线球基本一致，只是在击球时前臂急速内旋带动手腕闪腕，利用爆发力，用球拍切击球托的右侧，使球向左前下方飞去。

💡 **知识点**

高远球、吊球和杀球的击球点

高远球、吊球、杀球的击球点是否合适与击球质量的高低有密切的关系。高远球的击球点在右肩上方或者稍后；吊球在右肩上方或稍前；杀球则在右肩稍前上方。

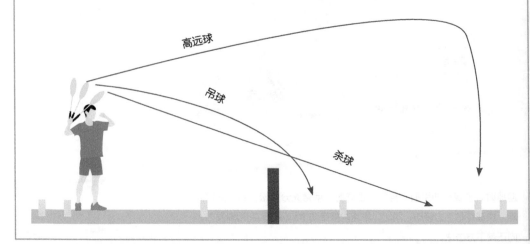

扫码看视频

▶ 反手杀球

反手杀直线球

以准备击球的姿势站立。

注意来球方向，向左转体转髋，转为反手握拍，抬起右肘准备迎球。

小提示

反手杀球需要把握准确的时机，借助强劲的杀球力量，控制杀球的下压弧线和方向。注意出拍时拍面的角度，以及挥拍轨迹和击球节奏。

腰腹部发力蹬地，收紧后背，上身略向右转动，同时上臂带动前臂，外旋转内旋，快速闪腕击球，击球瞬间拍面向身体正后方压。

97

反手杀斜线球

扫码看视频

以准备击球的姿势站立。

注意来球方向，向左转体转髋，转为反手握拍，抬起右肘准备迎球。

腰腹部发力蹬地，收紧后背，上身略向右转动，同时上臂带动前臂，外旋
转内旋，快速闪腕击球，击球瞬间拍面向身体斜后方压。

扫码看视频

▶ 头顶杀球

▐ 以准备击球的姿势站立。

▐ 向右侧身，左肩正对网，左手自然上举保持平衡，右手持拍置于头顶。判断来球方向之后，双脚蹬地发力，向来球方向移动。

🏸 **小提示**

头顶杀球的准备姿势和击球动作与正手击头顶高远球一样。不同之处在于击球时要充分利用腰腹部的力量，以前臂带动手腕快速下扣。

▐ 准备迎球时，前臂后伸引拍于身后。击球时，手臂充分放松，右手前臂外旋快速往头顶前上方移动，同时，急速内旋带动手腕闪动，利用爆发力击球。

▶ 劈杀

劈杀直线

以准备击球的姿势站立。

向右侧身，左肩正对网，左手自然上举保持平衡，右手持拍置于头顶。判断来球方向之后，双脚蹬地发力，向来球方向移动。

准备迎球时，前臂后伸引拍于身后。右臂先外旋，整体高举，然后内旋，闪腕。用球拍的斜拍面切击球托，抓紧拍柄，手腕的爆发力集中在击球点，向前下方击球。

🏸 小提示

劈杀是羽毛球运动中常用的技术之一，速度快，具有突击性，往往能使对方措手不及，常常能达到一招制胜的效果。

劈杀斜线

扫码看视频

以准备击球的姿势站立。

向右侧身，左肩正对网，左手自然上举保持平衡，右手持拍置于头顶。判断来球方向之后，双脚蹬地发力，向来球方向移动。

准备迎球时，前臂后伸引拍于身后。凌空向左转体，右臂先外旋，整体高举，然后内旋，闪腕。用球拍的斜拍面切击球托，抓紧拍柄，手腕的爆发力集中在击球点，击打球托的侧面以保证球斜向飞到对角线的空当。

小提示

劈杀一般是杀斜线，快速的大角度的飞行球，可以破坏对手的防守节奏，使得对手被动防守。劈杀和普通的杀球相比，不同之处在于在击球的瞬间要改变球拍的击球面，切击球托。

▶ **跳杀**

扫码看视频

预判好击球时机，起跳
后争取在最高点击球

目视来球，从准备击球的姿势，调整为向右转体的迎球姿势。

注意来球方向，球开始下落时，双脚起跳，同时向后引拍。起跳后用力挥拍，争取在最高点击球。

小提示

跳杀时起跳是为了提高击球点，同时借助腰腹部的力量增大击球的力度。需要注意的是，在空中身体过分紧绷会导致动作变形，所以起跳后，上身要放松。

挥拍后右臂继续向左下方挥动，使身体平稳落地。

常见的击球犯规行为

6.5

　　击球也有很多详细的规则，比赛之前要了解哪些行为属于犯规行为。下面详细介绍羽毛球运动中常见的击球犯规行为。

▶ 触网

　　触网是指在比赛进行过程中，运动员的身体、衣服或者球拍触碰到球网、球柱或者球柱支撑物的一种现象。如果触网发生在死球之前，该触网被判为犯规；如果发生在死球之后，则不属于犯规。

▶ 过网击球

　　过网击球，是指在比赛进行中，球拍与球的最初接触点不在击球者的场地。需要注意的是，球拍过网不属于犯规。

▶ 死球

死球有以下几种情况。

1. 球撞网并挂在网上，或停在网顶。

2. 球撞网或网柱后开始向击球者这一方下落。

3. 球触及地面。

4. 已宣报"违例"或重发球。

出现死球则意味着一方得分或者重新发球。

▶ 出界

发球或击球，球落地时超出相应的边界，则被视为出界犯规。如果球托的落点在规定区域的线上，被视为在界内，不属于犯规。

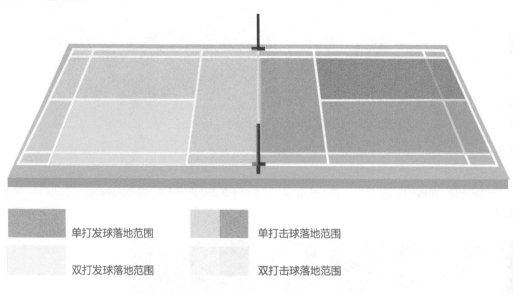

单打发球落地范围

单打击球落地范围

双打发球落地范围

双打击球落地范围

击球实战训练

6.6

练习者进行羽毛球击球实战训练，可以回顾各种击球方法，并运用在实战中。

▶ 两侧交替放网前球

图示

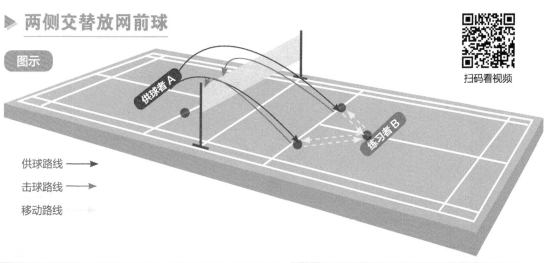

扫码看视频

供球路线 ——→
击球路线 ——→
移动路线 ----→

正手放网前球

供球者位于练习者击球位置的正前方，向练习者正手位置抛球。球抛出后，练习者向来球方向移动，正手击球到对方网前，然后回到起始位置。

反手放网前球

小提示

每次击球后都要回到起始位置（即中心位置），方便下次击球。练习时可以通过加快抛球速度来增加难度。

供球者向练习者反手位置抛球，球抛出后，练习者观察来球方向并向来球方向移动，反手击球到对方网前，然后回到起始位置。

▶ 推球的两侧交替练习

图示

供球路线 ——→

击球路线 ——→

移动路线 ╌╌►

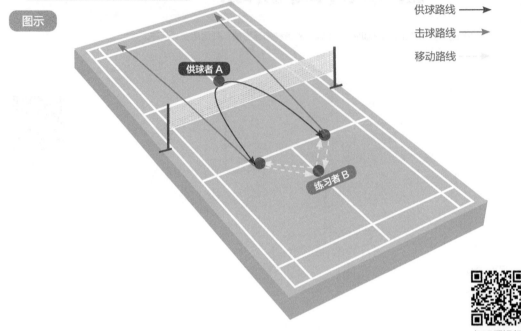

扫码看视频

正手推球

供球者位于练习者击球位置的正前方，向练习者正手位置抛球。球抛出后，练习者向来球方向移动，正手推球后回到起始位置。

反手推球

知识点

练习目的

在双打比赛中，对方接推球时多回球到网前，因此，此练习的目的就是为了培养在此情况下再次回推球的能力。

供球者向练习者反手位置抛球，球抛出后，练习者迅速移动到落球点，反手推球，然后回到起始位置。

▶ 挑球的两侧交替练习

扫码看视频

供球者位于球场中央准备向对方场地抛球。练习者在中心位置以接发球准备姿势站立。

反手挑球　　　　回到起始位置

供球者抛出球后，练习者迅速移动到反手位挑球。

接球后迅速回到起始位置。

正手挑球

供球者向练习者正手场地继续抛球，练习者进行正手挑球练习，接球后回到起始位置。

💡 知识点

练习目的

挑球的两侧交替练习目的是通过正手挑球和反手挑球出脚方式的不同，培养全身协调用力的感觉。两侧交替练习时，要注意握拍方式的转换。练习时供球者可以减慢球的速度，让练习者向来球方向反复跨步。

▶ 高远球的两侧交替练习

扫码看视频

图示

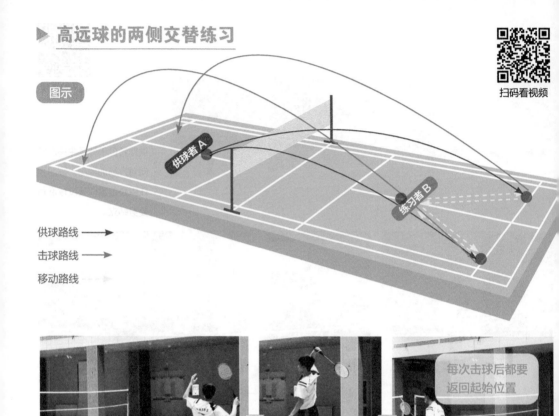

供球路线 ⟶

击球路线 ⟶

移动路线 ⤍

每次击球后都要
返回起始位置

正手高远球

供球者抛出球后，练习者迅速移动到正手位进行右侧高远球练习。

接球后迅速回到起始位置。

正手头顶高远球

🔆 知识点

练习目的

这个练习的目的是交替练习正手高
远球和正手头顶高远球，培养快速
移动到击球点的能力。

供球者向练习者反手后场继续抛球，练习
者进行左侧头顶吊球练习，接球后回到起
始位置。

▶ 吊球的两侧交替练习

图示

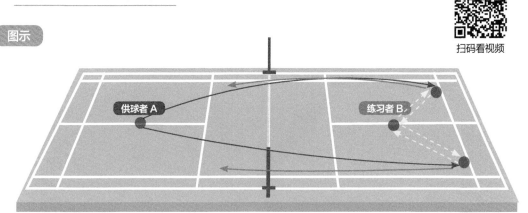

供球路线 ——▶

击球路线 ——▶

移动路线 ------▶

供球者抛出球后，练习者迅速移动到右侧正手位打吊球。

接球后迅速回到起始位置。

小提示

吊球对对方不构成威胁，因此难以预测对方的回球。这个练习适用于对方回球至我方后场的情况。

供球者向练习者反手后场继续抛球，练习者进行左侧头顶吊球练习，接球后回到起始位置。

▶ 先杀球后推球

图示

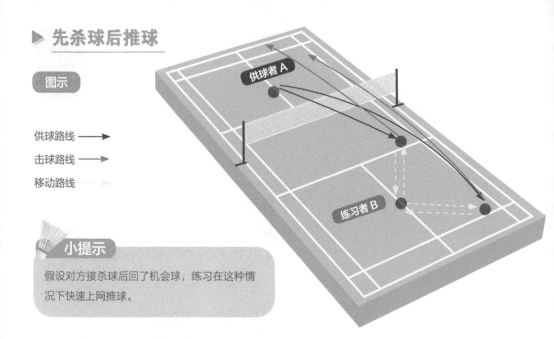

供球路线 ⟶
击球路线 ⟶
移动路线 ⟶

小提示

假设对方接杀球后回了机会球，练习在这种情况下快速上网推球。

练习者以接发球姿势做好准备。供球者向练习者正手后场抛球，练习者架拍迅速移动到正手后场。击球时迅速向左转体，跳起杀直线球。击球后迅速返回起始位置。

供球者向练习者正手网前抛球，练习者正手持拍向前推球，击球后回到起始位置。

▶ 球场四角移动步法练习

图示

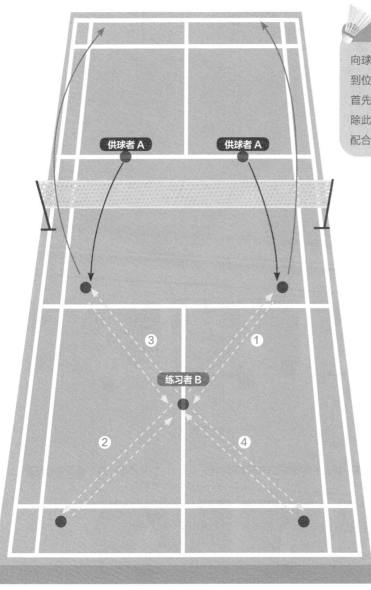

小提示

向球场四角移动时，如果步法不到位，很容易造成压腕。因此，首先要练习向四角移动的步法。除此之外，供球者的抛球速度要配合练习者的移动速度。

供球路线 ⟶
击球路线 ⟶
移动路线

供球者向练习者网前抛出羽毛球。练习者从中心位置向正手前场移动，挑直线球后返回中心位置（路线①）。接着向反手后场移动，做头顶杀球的动作，然后返回中心位置（路线②）。

供球者向练习者反手前场抛出羽毛球，练习者向反手前场移动，反手挑直线球，返回中心位置（路线③）。接着练习者向正手后场移动，做杀球的动作，然后返回中心位置（路线④）。

▶ 正手杀球的移动步法-正手挑球

图示

扫码看视频

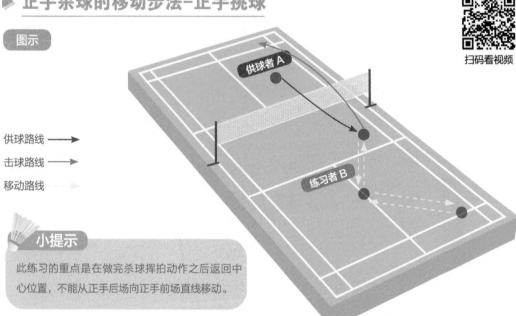

供球者 A

练习者 B

供球路线 ——→
击球路线 ——→
移动路线 ----→

小提示

此练习的重点是在做完杀球挥拍动作之后返回中心位置，不能从正手后场向正手前场直线移动。

后场挥空拍杀球

练习者从中心位置开始，迅速移动到正手后场做杀球的挥拍动作。

转换重心脚，返回中心位置。

供球者向练习者正手前场抛球，练习者向正手前场移动并挑直线球。

击球后返回中心位置。

▶ 头顶杀球的移动步法-反手挑球

图示

供球路线 ——→
击球路线 ——→
移动路线 ·····▶

小提示

和正手挑球一样，练习者要返回中心位置，不能从反手后场直线移动到反手前场。同时，练习者要注意正反手握拍姿势的转换。

练习者从中心位置开始，迅速移动到反手后场挥空拍。

转换重心脚，返回中心位置。

供球者向练习者反手前场抛球，练习者向反手前场移动并挑直线球。注意转为反手握拍。

击球后返回中心位置。

113

▶ 正手上网步法-正手杀球

图示

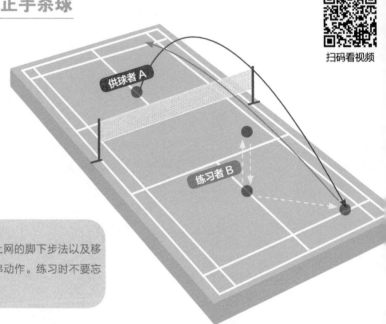

扫码看视频

供球路线 ⟶

击球路线 ⟶

移动路线 ⤍

小提示

此练习的重点是掌握正手上网的脚下步法以及移动到正手网前杀球的一连串动作。练习时不要忘记上网后返回中心位置。

挥空拍挑球

练习者从中心位置开始，迅速移动到正手网前做挑球的挥空拍动作。

返回中心位置。

后场杀球

供球者向练习者球场后方击出高球，练习者移动到正手后场杀直线球。之后返回中心位置，准备下一次击球。

▶ 反手上网步法-头顶杀球

图示

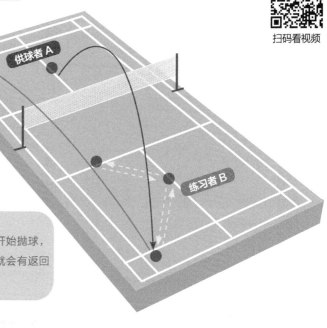

扫码看视频

供球路线 ——→
击球路线 ——→
移动路线 ----→

供球者A

练习者B

小提示

供球者要在练习者返回中心位置之后开始抛球，也可以调整击球的时机。这样练习者就会有返回中心位置的意识，这样的训练更有效。

挥空拍挑球

练习者从中心位置开始，迅速移动到反手网前做挑球的挥空拍动作。

返回中心位置。

头顶杀球

供球者向练习者的反手后场发出高球，练习者头顶杀直线球。之后返回中心位置准备下一次击球。

115

▶ 从球场中央向反手边线移动抽球

图示

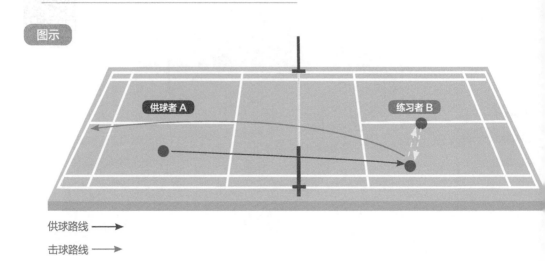

供球路线 ⟶

击球路线 ⟶

移动路线 ⇢

反手抽球

供球者站在自己半场的中央，练习者站立于中心位置。在供球者向练习者反手位发出平抽球后，练习者移动到来球位置，反手抽球。

小提示

此动作的要领是向来球方向跨步，并在身体的前方击球。反手击球时需要体会将球推出的感觉。

练习者击球后及时返回中心位置。

▶ **正手边线的移动步法-正手杀球**

扫码看视频

图示

供球路线 ———→

击球路线 ———→

移动路线 ┈┈┈➤

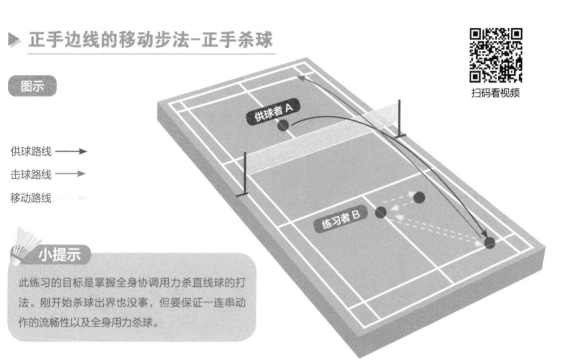

小提示

此练习的目标是掌握全身协调用力杀直线球的打法。刚开始杀球出界也没事，但要保证一连串动作的流畅性以及全身用力杀球。

挥空拍打边线球

练习者从中心位置开始，移动到正手边线做打边线球的挥空拍动作。 | 返回中心位置。

正手后场杀直线球

供球者向练习者正手后场发出高球，练习者迅速移动到正手后场杀直线球。之后返回中心位置准备下一次击球。

117

▶ **正手杀球的移动步法-头顶杀球**

图示

扫码看视频

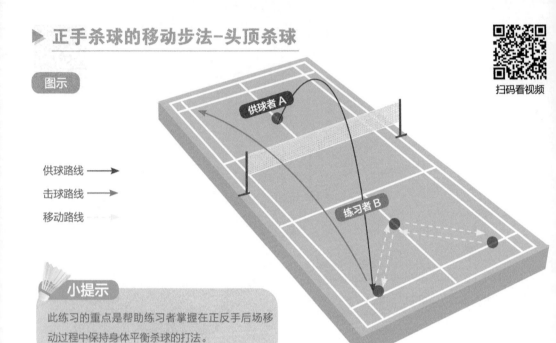

供球路线 ⟶

击球路线 ⟶

移动路线 ⤍

小提示

此练习的重点是帮助练习者掌握在正反手后场移动过程中保持身体平衡杀球的打法。

练习者从中心位置开始,移动到正手后场做杀球的挥空拍动作。

返回中心位置。

供球者向练习者反手后场发出高球,练习者移动到反手后场头顶杀直线球。之后返回中心位置准备下一次击球。

▶ 从后场移动到前场杀球

扫码看视频

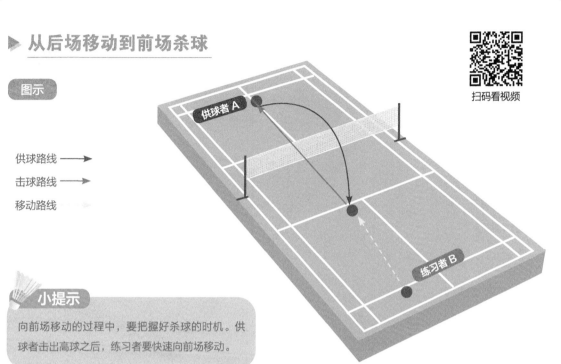

图示

供球路线 ⟶
击球路线 ⟶
移动路线 ▷

供球者 A

练习者 B

小提示

向前场移动的过程中，要把握好杀球的时机。供球者击出高球之后，练习者要快速向前场移动。

练习者在后场某位置做好准备（以球筒为标志）。供球者向练习者前场抛出高球，练习者迅速从后场向前场移动。

大力扣杀球

练习者移动到落球点之后，在恰当的时机大力扣杀球。

119

▶ 从前场退到后场杀球

扫码看视频

图示

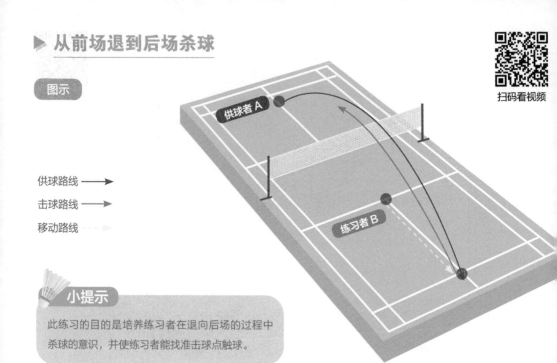

供球路线 ⟶
击球路线 ⟶
移动路线 ⤏

小提示

此练习的目的是培养练习者在退向后场的过程中杀球的意识，并使练习者能找准击球点触球。

供球者向练习者后场中央发出高球。练习者侧身从前场向后场落球位置移动。

退至落球点之后，扣杀球过网。

▶ 正手挑球-反手挑球-头顶杀球

供球路线 ⟶
击球路线 ⟶
移动路线 ⟶

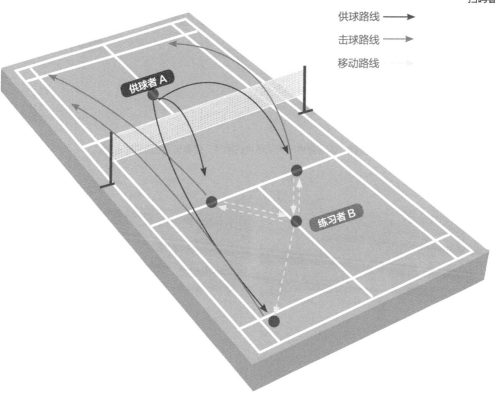

正手挑球

供球者位于练习者击球位置的正前方，向练习者正手网前发球，练习者迅速移动到落球点回挑球，接着迅速回到中心位置。

供球者接着向练习者反手网前发球，练习者移动到落球点回挑球，接着迅速回到中心位置。

供球者向练习者反手后场发球，练习者迅速移动到反手后场头顶杀球。

小提示

此练习中，前两次回球时要挑高球至对方后场。如果挑球的距离或者高度不够，那么在实际的比赛中对方就不会回高远球，而是直接扣杀球。挑球的路线是直线，而不是对角线。

知识点

第二次击球后回到中心位置

此练习综合了向后场移动杀球的步法，以及向前场正反手移动挑球的步法。第二次击球后，要快速返回中心位置，而不能直接从挑球位置移至后场杀球位置。

▶ 正手杀球-正手平抽球-推球

扫码看视频

图示

供球路线 ⟶
击球路线 ⟶
移动路线 ⤑

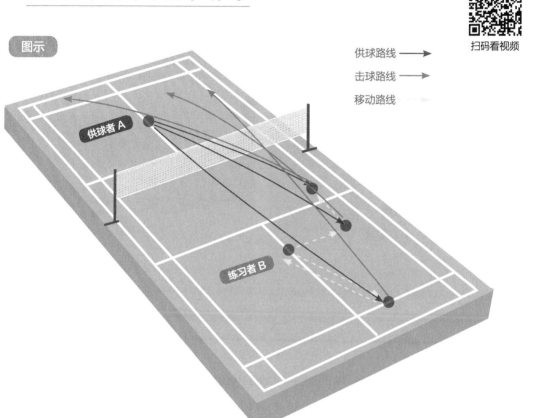

正手杀直线球

供球者向练习者正手后场发球，练习者移动到正手后场起跳杀直线球，之后回到中心位置。

小提示

此练习中，为了保持进攻态势，要正确回球。打完杀球或者平抽球后注意要摆好准备动作。如果举拍动作太慢，即使姿势到位也可能导致击球失误。推球时，击球前不能放松。

供球者向练习者正手边线发球，练习者移动到正手边线后平抽直线球。

供球者向练习者正手网前发球，练习者移动到落球点推球。

▶ # 头顶杀球-反手平抽球-推球

图示

扫码看视频

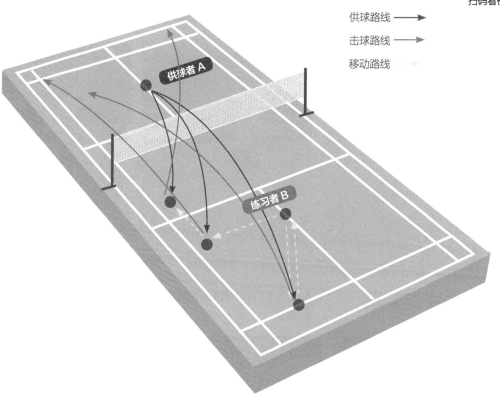

供球路线 ⟶
击球路线 ⟶
移动路线 ⇢

供球者 A

练习者 B

头顶杀直线球

供球者向练习者反手后场发球，练习者移动到反手后场头顶杀直线球。

小提示

这个练习是正手杀球—正手平抽球—推球的反手位练习，练习时同样注意为了保持进攻态势，要保证正确回球。

平抽直线球

练习者击球后迅速返回中心位置。

供球者向练习者反手边线发球，练习者移动到反手边线平抽直线球。

推球

供球者向练习者反手网前发球，练习者移动到落球点推球。

知识点

平抽球时要正确击球

此练习中杀球后要迅速返回中心位置，然后上网平抽直线球，如果此时移动不到位，击球时就会容易压腕。

这样如果球往高处走就会被对方抓住机会进攻，因此平抽球时要正确击球。

第三部分

羽毛球运动
实战与提升

第 7 章

单打

7.1

单打接发球技术

在单打接球中，虽然发球者处于主动状态，接发球者处于被动、等待的状态，但由于发球规则限制，接发球者并没有受到太大威胁，甚至如果处理好接发球，可以变被动为主动。

▶ 接发球姿势

身体前倾，手臂抬起，注意来球的方向。

球拍倾斜，拍头的侧面对着场地的正前方。

小提示

单打接发球时的站位要和发球线保持大概1.5m的距离。如果在右发球区接发球，要站在偏中线的位置；如果在左发球区接发球，则要站在中线和边线的中间。

左脚在前，右脚在后，右脚脚跟微微抬起，双腿微屈。

✕ 不同角度

▶ 单打接发球技巧

在羽毛球比赛中，发球方是得分的一方，本身就占有主动的优势。接发球方该如何化解对手的优势，并将其转化为己方的优势呢？

其实接发球方也有很大的优势。发球方必须对角线发球，因此接发球方只需要守住对角线区域。接发球方如果能处理好接发球也可以取得主动。接远球时接发球方可以尝试杀球或者劈吊，接球姿势不佳时可以选择向对手场地的四个角回球，逼迫对手远离中心位置。而对手发小球时，接发球方除了扑球，还可以通过回球至网前中间来抢占先机。下面列出几种常见的接发球方法。

利用后场球争取时间

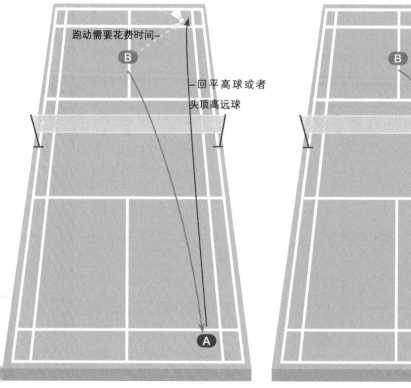

跑动需要花费时间

B

—回平高球或者
头顶高远球

A

把握机会接球得分

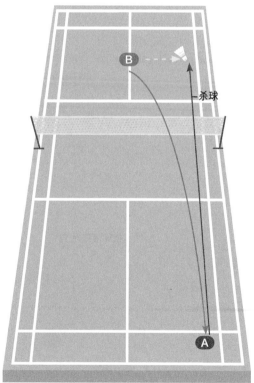

B

—杀球

A

A 己方   B 对方   击球路线 ——→   移动路线 ┄┄▷

当对方发来后场球时，回击平高球或者头顶高远球以逼迫对手向后移动，为己方争取回球时间。如果回球不到边线，那被反击的可能性就会很大。

利用落在边线位置的杀球争取直接接球得分。反复利用这一打法，将对方的注意力吸引到边线位置，然后突然攻击中场也可以有效得分。

小提示

比赛中常遇到的问题是无法让对手跑动起来，因此对手的反应时间充足，而且体力消耗不大。正确的解决方法是每一次回球都要让对手离开中场位置，从而消耗对手的体力且不要给对手过多反应时间。

利用网前球消耗对手体力

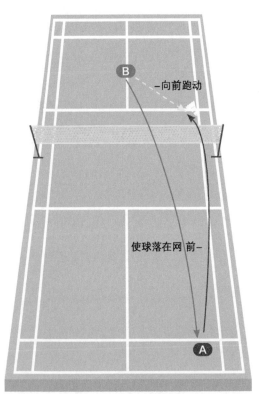

A 己方　B 对方　击球路线 ——→

移动路线 ----▷

　当对方发来后场球时，利用劈球或者吊球迫使对方向网前移动，使其腿部疲劳。但是如果不能准确地控制击球路线，就有可能被反击。

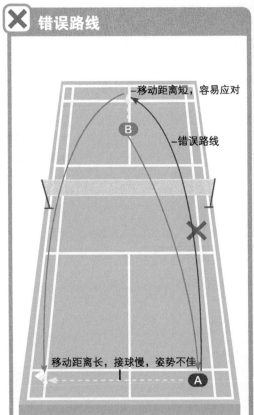

▲ 当对方发来后场球时，错误路线是将球回到对手后场的中间。这样对方移动的距离短，可以轻松应对，容易利用杀角球反击，造成己方处于被动局面，移动距离长，接球慢且姿势不佳。

▶ 单打接发网前球

扫码看视频

挑球

以接发球站姿做好准备。

观察到来球方向在正手网前，迅速移动到来球位置，右手引拍，然后向前上方挥拍，将球直线挑向对方后场。

🏸 其他回球方式

放网前球

扑球

小提示

接发网前球除了回击挑球之外，还可以放网前球、扑球、勾球、推球等，可以根据需要选择合适的回球方式。

勾球

推球

单打接发后场球

扫码看视频

以接发球站姿做好准备。

观察到来球方向在头顶后场，迅速移动到来球位置，右手引拍，接着举拍过头顶击球，尽量将球击向对方后场。

其他回球方式

正手高远球　　　　　吊球　　　　　杀球

小提示

接发后场球和接发网前球一样，除了回击头顶高远球之外，还可以回击正手高远球、吊球、杀球等，根据来球方向和距离来选择相应的回球方式。

单打战术训练

7.2

在羽毛球单打比赛中，单打接发球技术需要与一些单打战术配合，这样才能克敌制胜。选手进行单打战术训练可以更好地适应实战。下面介绍一些简单的单打战术训练。

▶ 后场球+杀球对打练习

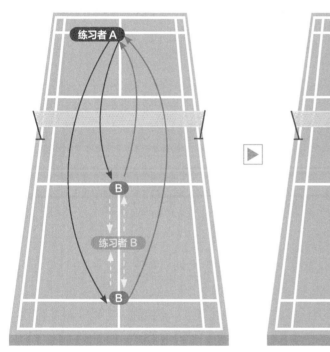

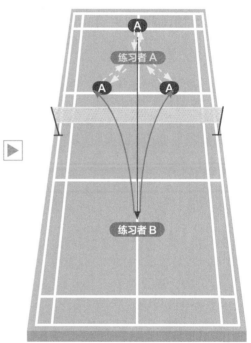

A充分调动B来进行全场练习。A主要打高远球和吊球，B回球时打后场高远球或挑后场高球。

A杀球，B接杀球至网前。B向位于后场的A打高远球或者挑球，调动A。

击球路线   移动路线

💡 **知识点**

高远球和杀球的区别

打高远球和杀球时，挥拍动作相同，主要区别在于击球点不同：杀球的击球点要比高远球靠前。选手击球后应返回中心位置，练习在不同位置的杀球和高远球。

▶ 网前短球+杀球对打练习

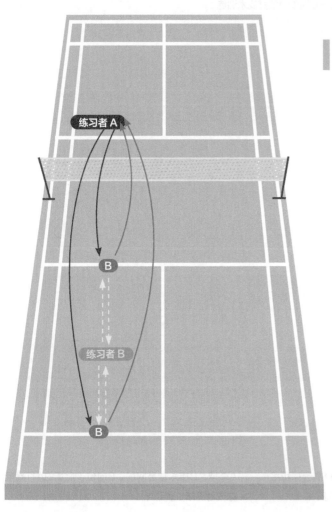

练习者 A

练习者 B

B

B

> A和B进行网前短球和杀球的对打练习。如果A放网前球，B回球至前场。如果A挑高球，B不仅可以回吊球，还可以适当地杀球进攻。

击球路线 ——→　——→

移动路线 ⇢　⇢

小提示

此练习中，通过限定只能回短球，来帮助选手掌握快速移动步法。如果只打吊球，那步法很容易慢下来。
打网前短球时适当地加入杀球，就会增强选手快速移动的意识，从而掌握接近于实战的移动步法。

▶ 限制打网前球的练习

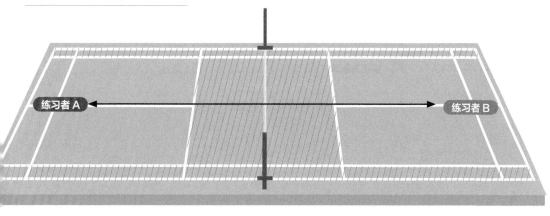

对打路线 ◀━━▶　　　界外 ///////

进行单打练习，将球打到图中阴影区域则出局。在限制打网前球的情况下，选手以打平抽球为主，在低位球的对打中寻找进攻的突破口。

▶ 限制杀球的练习

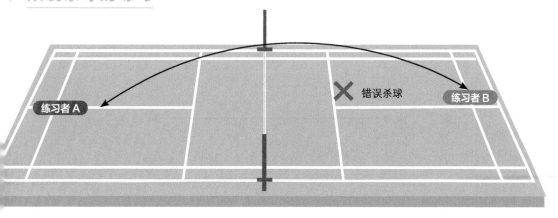

对打路线 ◀━━▶

进行单打练习，规定不能杀球。瞄准对方场区的四个角，创造有利的局面。

▶ 限制打高远球的练习

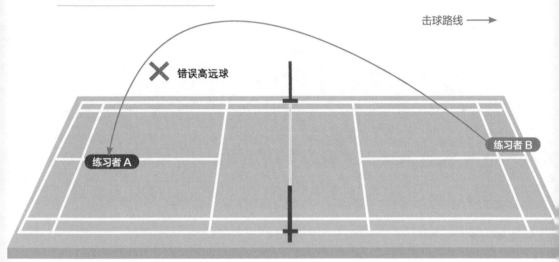

击球路线 ——▶

✕ 错误高远球

练习者 A

练习者 B

> 进行单打练习，规定不能打高远球。使用平抽球和网前球的打法，通过控球来掌握主动权。

▶ 限制打网前球和后场端线附近的练习

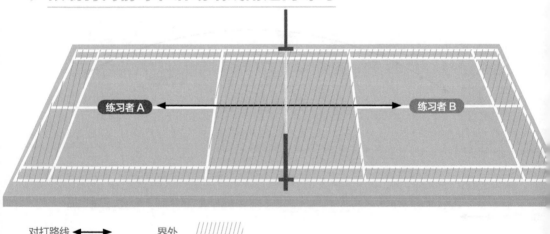

练习者 A ◀——————▶ 练习者 B

对打路线 ◀——▶   界外 ///////////

> 进行对打练习，将球打到图中阴影区域则出局。在限制打网前球和在后场端线附近的情况下，利用平抽球等长距离球的打法，在控球时创造进攻机会。

单打战术详解

在羽毛球单打比赛中，一般战术分为攻击对手弱点和保持自己的节奏进攻两种。下面介绍一些单打比赛中常用的战术。

▶ 控制后场，突击前场

当己方处于控制地位时，可以向对方后场击高远球或者平高球，将对方压制在后场的两角。当对方疲于应付后场时，会疏于防守前场，这时就可以找机会杀球、轻吊球或者搓球，从而取得获胜机会。

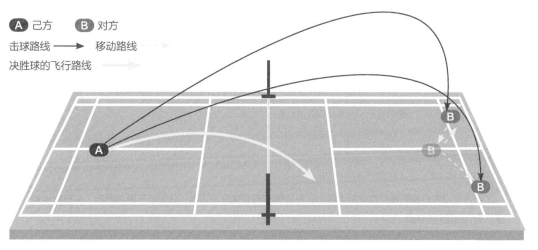

▶ 打四角球

己方运用较好的技术，将球控制在对方场地的四个角落，在对方疲于接球来不及回到中心位置的情况下，己方趁机抓空当杀球取胜。这个战术和拉斜线有一致性。

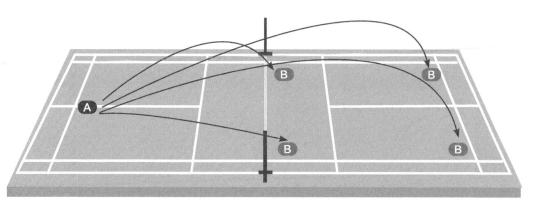

139

▶ 拉斜线

　　己方将球分别击到对方的右后场和左前场，而且最好是场地的边角，如此反复，使对方来回跑动接球，耗费对方的体力，进而导致其回球质量差，处于被动局面。

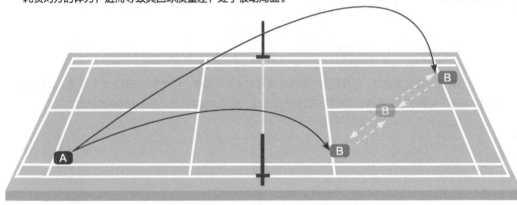

A 己方　**B** 对方　击球路线 ⟶　移动路线

▶ 杀边线

　　己方可以将击球的重点放在杀边线上，左边线和右边线来回切换，让对方不断地向左、向右降低重心接球，从而消耗对方的体力。

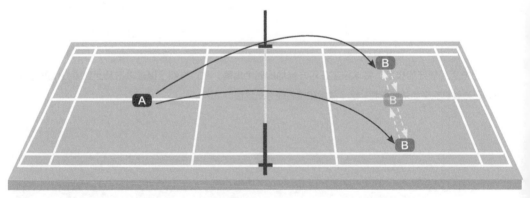

A 己方　**B** 对方　击球路线 ⟶　移动路线

小提示

除了一些战术以外，单打比赛中，运动员的身体素质和心理素质也比较重要，运动员应该先确定自己是属于进攻型球员还是防守型球员，从而合理确定比赛的方式。

▶ 发底线球

右发球区发底线球

发球时可以在右发球区发底线球，因为接发球员在右半区接发球时，一般处于中线的附近，此时如果发后场球，球的飞行时间长，己方有充分的时间调整状态，准备下一次击球。

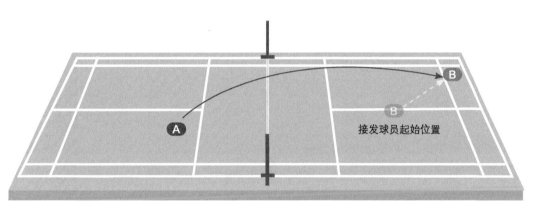

A 己方　**B** 对方　击球路线 ——→　移动路线 ……→

左发球区发底线球

发球时可以在左发球区发底线球，因为接发球员在左半区接发球时，一般处于中线和边线的中间，此时如果发后场球，己方可靠近中线或边线，也可以为自己争取时间，准备下一次击球。

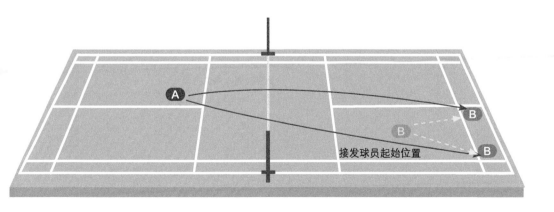

A 己方　**B** 对方　击球路线 ——→　移动路线

▶ 逼反技术

　　一般情况下，后场反手击球比较被动，进攻性很弱，或者不具有进攻性，而且球路比较简单，返回中心位置比较难。己方可以反复将球击到对方反手后场，使对方露出空当，趁机攻杀取胜。

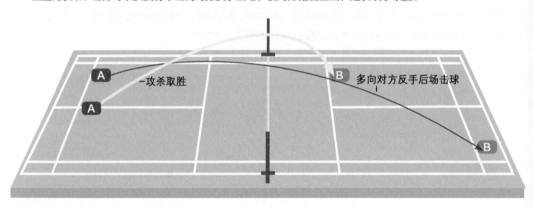

攻杀取胜

多向对方反手后场击球

A 己方　**B** 对方　击球路线 ➡　决胜球的飞行路线 ➡

▶ 打重复球

　　所谓打重复球就是打重复的球路，使球有重复的落点。对于启动、回中速度快的对手，打重复球是最好的选择。将球打向一个点位，对手回球后迅速回位，然后己方再次将球打向该点位，对手再次迅速回球后回位，己方多次重复将球打向同一点位，对手的节奏就会被打乱，此时己方趁机找空当进攻取胜。

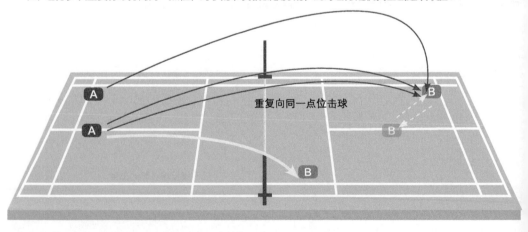

重复向同一点位击球

A 己方　**B** 对方　击球路线 ➡　移动路线 ⇢　决胜球的飞行路线 ➡

▶ 后场过渡反攻

己方为摆脱被动局面，可以采用后场过渡反攻技术。无论己方是在网前还是在后场，都向对方后场打出高远球，给己方争取时间调整状态，争取反攻并伺机取胜。

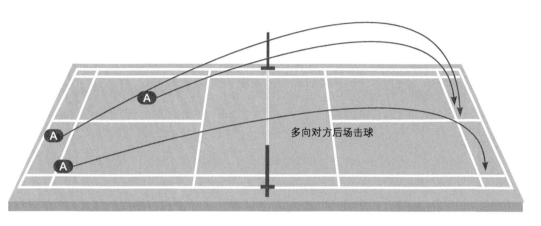

多向对方后场击球

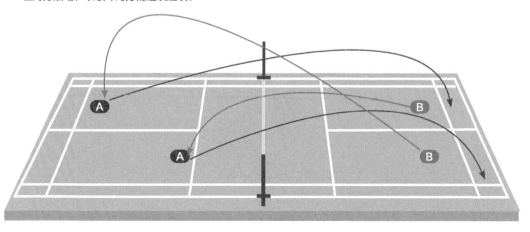

Ⓐ 己方　击球路线 ⟶

▶ 变化球路过渡反攻

己方为摆脱被动局面，还可以利用球路的多变将对方满场调动，从而为己方争取时间，调整状态。在对方有进攻性的杀球和吊球局势下，己方在接杀球、接吊球时，尽量把球还击到距离对方较远的位置，且最好击往对方后场，以破坏对方的连续进攻。

Ⓐ 己方　Ⓑ 对方　击球路线 ⟶ ⟶

第 8 章

双打

双打站位与跑位

8.1

双打站位是根据双方的技术水平、打法特点和球路变化来安排的，站位会直接影响击球的效果以及战术的布置。

▶ **双打前后站位**

▶ **双打平行站位**

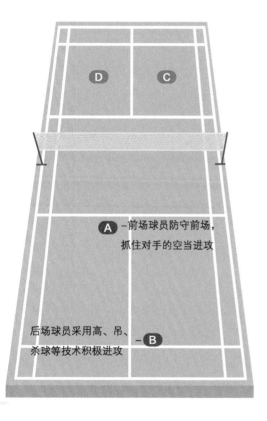

A —前场球员防守前场，抓住对手的空当进攻

后场球员采用高、吊、杀球等技术积极进攻 —B

A B 己方
C D 对方

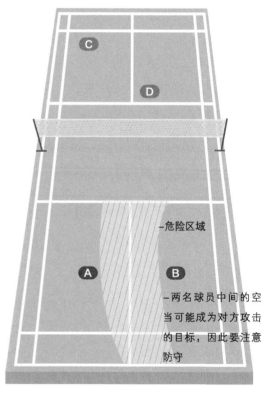

—危险区域

—两名球员中间的空当可能成为对方攻击的目标，因此要注意防守

A B 己方　　　　危险区域 ////////
C D 对方

前后站位属于进攻型站位。具体应用中，控球性较强的球员站在前场，攻击性较强的球员站在后场。前场的球员负责防守前场，后场的球员负责杀球进攻。发球时也采用这种站位。

平行站位下两名球员各自负责各自半场。两名球员应该特别注意防守自己场地的中心区域，因为这是最难防守的区域。

小提示

双打中很常见的一个问题就是球员因不知道该谁接球而犹豫，这时球员就需要始终站立在正确的位置上，约定当回球打向场地中间时，使用正手的球员接球。

▶ **双打抢攻站位**　　　　▶ **双打特殊站位**

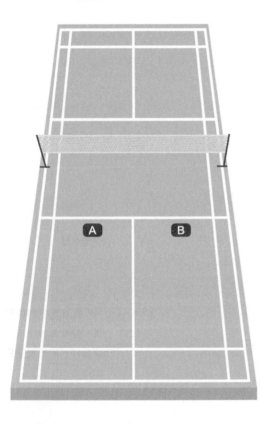

Ⓐ Ⓑ 己方

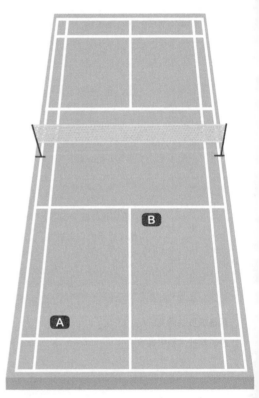

Ⓐ Ⓑ 己方

双打抢攻站位为接发球站位，两名球员都距离发球线较近，属于典型的进攻型站位。球员接发球抢攻，然后迅速用小碎步调整，回到起始位置。

两名球员成对角线站立，且双方距离较远。前场的球员应对网前球，后方的球员负责后场来球，及时填补空缺。

▶ 双打跑位

在双打比赛中，很多时候球员的站位并不是固定的，需要根据比赛局势进行跑位。双打跑位一般分两种情况，分别是平行站位转前后站位和前后站位转平行站位。下面一一讲解。

平行站位转前后站位

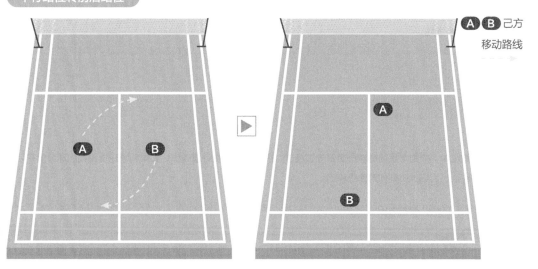

在比赛过程中，发球或接球时为平行站位。发球后或接发球后，一旦形势对己方有利、可下压进攻时，己方的一名球员可迅速上网封堵，另一名球员则移动到后场，在后场扣、吊、杀球等，攻击对方。

前后站位转平行站位

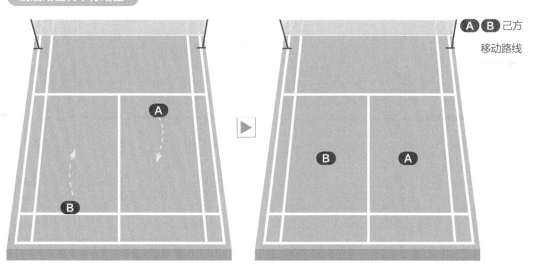

从前后站位转平行站位，意味着从进攻转为防守。发球或者接发球时为前后站位，当对方击来的后场高球偏向一侧边线时，前场球员可急速后退，而原本在后场的球员可以向前移动，两人变为平行站位。

知识点

需要转换站位的情况

在双打比赛中，两名球员不断在攻击和防守的模式之间快速切换。如果攻击球员的攻击效果不理想，或者对手防出一个落点极佳的球，则两名球员必须尽快切换为防守状态，也就是变为平行站位，以便每名球员负责防守一半场地。

前后站位与平行站位交替

在比赛过程中，原则上是前场球员负责守边线球，后场球员负责守直线球。如果前场球员预判回球会落在后场边线并移动，后场球员则向对角线移动。

小提示

比赛中改变位置时，两名球员应保持距离不变。以场地中央为轴心，经常有意识地确认双方处在对角线位置。先移动的球员根据向左还是向右移动，决定了是顺时针还是逆时针移动。

双打进攻战术

羽毛球双打比赛中，很多时候都是依靠后场杀球而得分的，因此在双打比赛中，要尽量避免作为防守一方，争取进攻。下面讲解一些常见的双打进攻战术。

▶ 攻人战术

当对方两名球员技术水平不均衡时，常采用这种战术，不过这种战术也同样适用于对方两名球员技术水平较均衡的情况。一般来说，己方通过将球下压至对方前场，两人合力攻击前场球员，使前场球员疲于应付，然后找机会突击；或者对方后场球员救前场球员时，己方趁机偷袭对方后场。

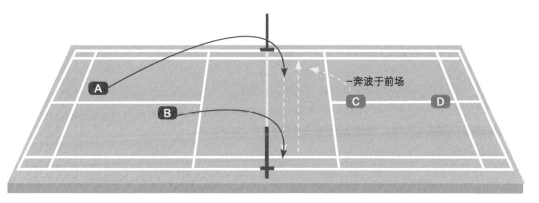

将球压制在对方前场，两人合力攻击对方前场，使对方前场球员疲于应付，然后找机会突击。

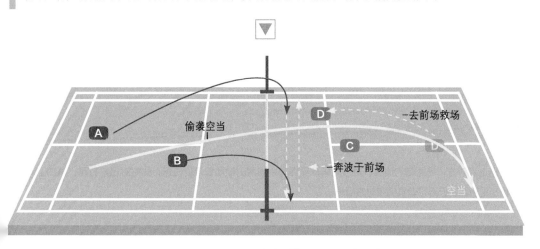

如果后场球员上前救场，则后场出现大的空当，此时己方可以突袭对方后场。

▶ 攻中路战术

攻中路战术主要针对配合不默契的对手。如果对方是平行站位，可将球击向两人中间，使对方抢球回击或漏接球；如果对方是前后站位，可将球击向对方中场两侧的边线，使对方前场球员不易接球，而后场球员只能低手位接球。

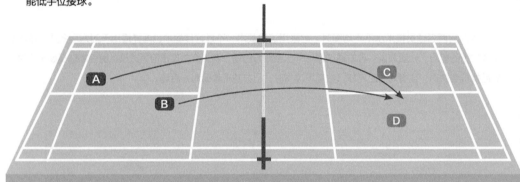

将球击向对方两名球员中间，使其出现争相击球或者互相让球的状况。

▼

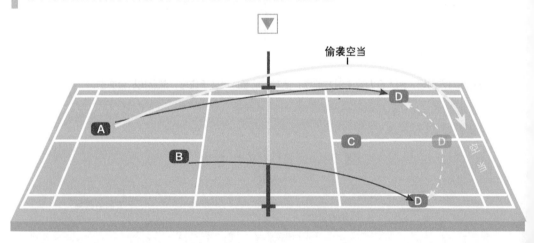

将球击到对方中场两侧的边线，对方后场球员奔向中场两侧被动低手位击球，此时对己方有利，再加上对方后场出现空当，己方可趁机突袭对方后场。

🅐 🅑 己方　🅒 🅓 对方

击球路线 ⟶　⟶ 移动路线

决胜球的飞行路线 ⟶

▶ 拉后场球进行反击战术

如果对方后场球员的扣杀能力较弱，可使用拉后场球进行反击战术。此战术综合运用击后场球的技术，将对方的一名球员锁定在后场来回奔波，待其击出质量不高的球时，可伺机进攻；当前场球员退回后场救援时，可伺机突袭前场。

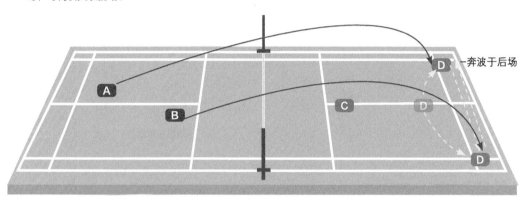

将球击向对方后场的两个底角，使对方后场球员奔波于后场。

▼

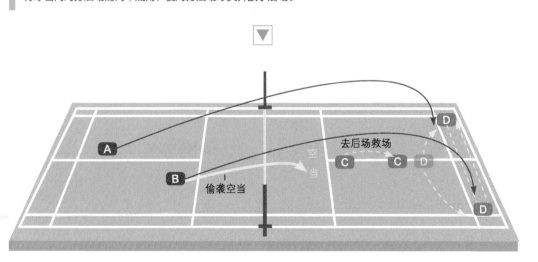

对方前场队员奔向后场去救场时，前场出现空当区域，可趁机突袭前场。

A B 己方　C D 对方　击球路线 ⟶　移动路线

决胜球的飞行路线 ⟶

▶ 前场封压进攻战术

如果己方球员配合默契，而且己方位于前场的球员技术很好，可采用前场封压进攻战术。己方前场球员通过娴熟的前场技术迫使对方起高球，此时己方可趁机杀球。

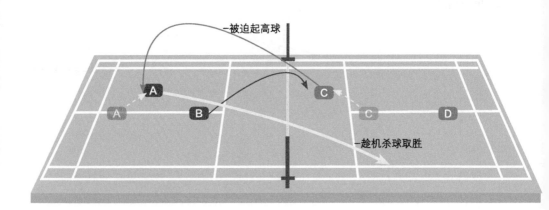

将球击向对方网前，对方被迫上网起高球，这时己方可以趁机杀向对方边线。

▼

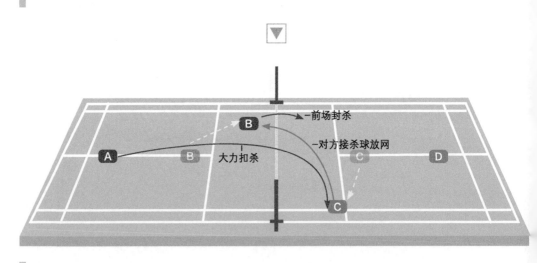

对方能勉强救起己方的杀球，在对方回球质量不高的情况下，己方可在网前继续封杀。

A B 己方　　**C D** 对方　　击球路线 ━━━━▶　　移动路线 ⤍⤍⤍

决胜球的飞行路线 ⟹

双打防守战术

羽毛球双打比赛中，有一方攻，就有一方守。攻方想要继续加强进攻得分，守方想要转守为攻，此时就要改变双打战术。下面讲解一些常见的双打防守战术。

▶ 调整站位

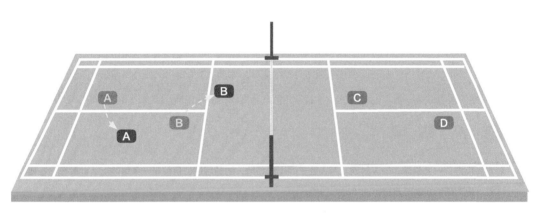

A **B** 己方　　**C** **D** 对方　　移动路线 ----→

原则上两人的移动形成互补，一人跑动击球时，另一人迅速补上空当。

▶ 直线后退

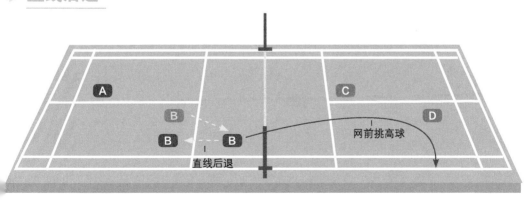

A **B** 己方　　**C** **D** 对方　　击球路线 ——→　移动路线 ----→

网前挑高球后，要直线后退，切忌对角线后退。直线后退距离短，速度快，可以迅速回到站位；而对角线后退的距离较长，移动的轨迹比较明显，很容易被对方打追身球。

▶ 回击空当

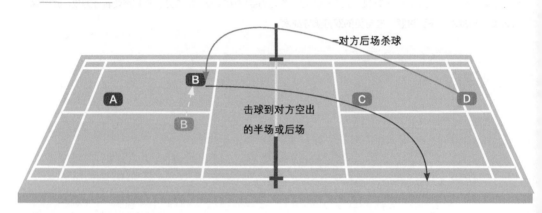

对方后场杀球

击球到对方空出
的半场或后场

A **B** 己方 **C** **D** 对方 击球路线 ➝ ➝ 移动路线 ➝

> 对方为攻方，一人杀球，一人封网，两人处于同半边场地，为前后站位且位于一条直线上。此时己方在接杀球时，应把球击回至对方空出的半场或后场。

▶ 回击网前球或者后场球

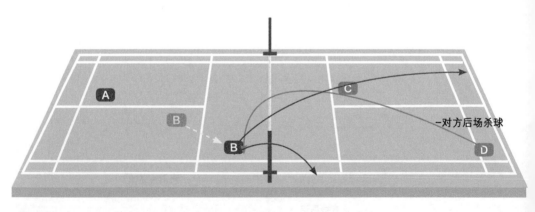

对方后场杀球

A **B** 己方 **C** **D** 对方 击球路线 ➝ ➝ 移动路线 ➝

> 对方为攻方，一人杀球，一人封网，为前后站位且处于对角线上。己方接杀球时，可将球击至杀球者所在半场的网前，或者封网者所在半场的后场。

▶ 回击直线球或者对角线球

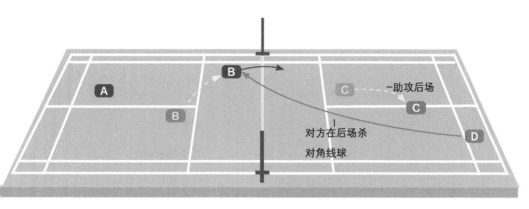

A **B** 己方 　**C** **D** 对方 　击球路线 ⟶ ⟶ 　移动路线 ⟶

对方为攻方，对方杀球者杀直线球或对角线球，而另一名球员退到后场助攻。此时己方接杀球时，将球还击到对方网前。

▶ 挑直线球或者对角线球

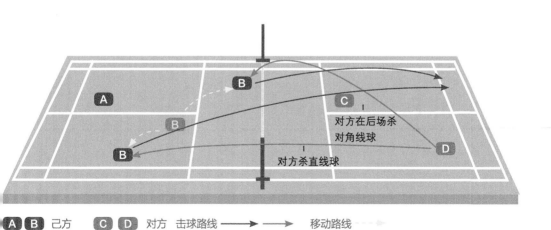

A **B** 己方 　**C** **D** 对方 　击球路线 ⟶ ⟶ 　移动路线 ⟶

对方为攻方，己方可以对攻方杀来的直线球挑对角线球，或者对对方杀来的对角线球挑直线球，以此调动对方在后场跑动。

双打战术训练

8.4

在羽毛球双打比赛中，双打接发球技术需要与一些双打战术配合。下面介绍一些双打比赛中常用的战术。

▶ 多拍对打的2对1练习

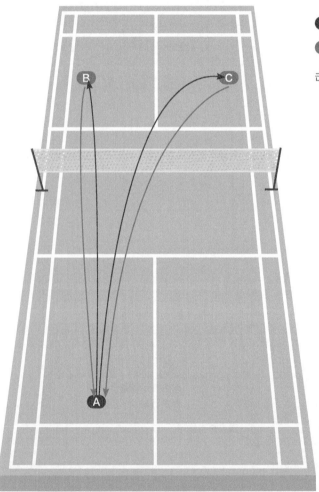

A 己方

B C 对方

击球路线 ⟶ ⟶

小提示

此练习主要训练不同的杀球路线的打法。练习者杀球后要及时调整姿势做好准备。当对手回对角线球时，左右两侧的移动会比较多，但是要在击球后及时返回中心位置。

对方B和C平行站位，回高球，迫使A回杀球或者高远球。B、C还可以通过接杀球时打对角线球来调动A。

▶ 推球和接发球的2对1练习

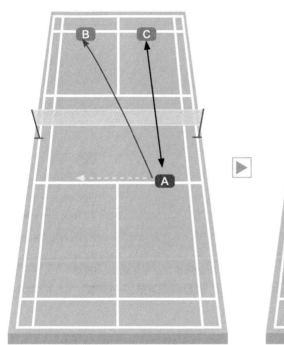 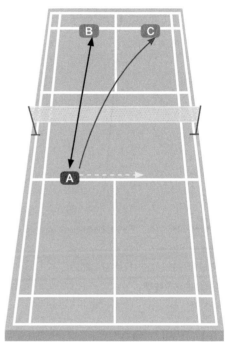

A站在球场的一侧，向C多次推球。C最后一次回球之后，A推出对角线球。

B回直线球，接着A和B重复上一个步骤。

A 己方　　**B** **C** 对方　　对打路线 ◀━━▶

击球路线 ━━▶　　　移动路线

小提示

此练习主要是训练A向边线移动推球，但是对B和C来说也是比较重要的练习，因为对方推对角线球时，己方接球时推直线球是很难的，所以B和C也要做好回球的准备。

▶ 平抽球的2对1练习

应对抽对角线球

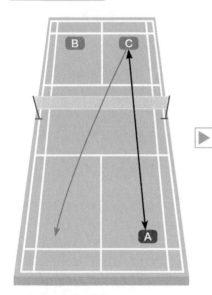

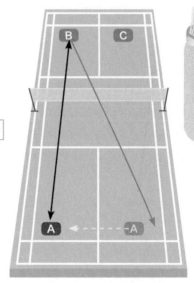

小提示

此练习对提升控球能力非常有效。对方抽对角线球后一定要回球过网。

A 己方
B **C** 对方
击球路线 ——→
对打路线 ◆——▶
移动路线 ·····▷

A和C进行平抽球的对打练习，然后C找准机会抽对角线球。

A移动到另一侧边线接球，回球给B。B接球时平抽直线球，然后A和B重复上一个步骤。

回球至网前

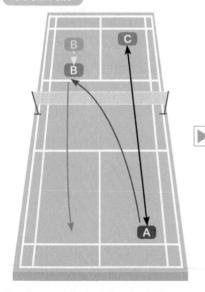

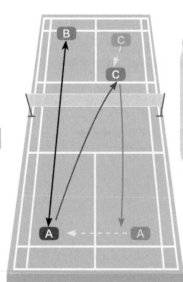

小提示

己方想打球到对方网前时，不要被对方察觉。对方如果打挑球或者半场球，那么己方回球时就要打平抽球。

A 己方
B **C** 对方
击球路线 ——→
——→
对打路线 ◆——▶
移动路线 ·····▷

A和C进行平抽球的对打练习，然后A寻找机会平抽对角线球打到对方网前。B接网前球时轻挑直线球，或者回半场球。

A向B打平抽球，然后重复以上步骤。

▶ 接杀球的2对1练习

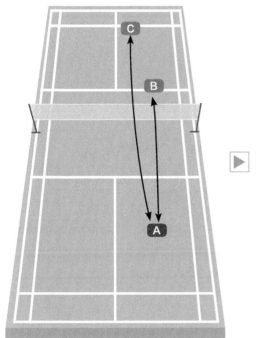 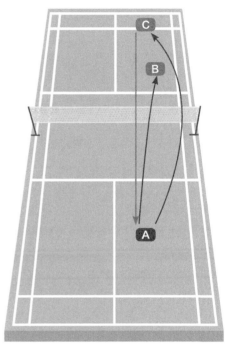

B和C是一方的前场和后场球员，向A打杀球或者平抽球，A接杀球或平抽球。

A每三个球后向后场球员C挑一次高球。接着C接A的挑球后杀球。A接球后回球给B，接着重复以上步骤。

A 己方 **B** **C** 对方 击球路线 ——→ ——→ 对打路线 ◀—▶

小提示

此练习主要是训练球员掌握前场球员和后场球员的移动以及击球的时机，培养良好的接杀球能力。练习中，A把球分别打向前场球员B和后场球员C。

▶ 杀球和过渡球的2对1练习

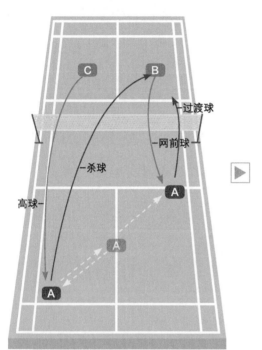

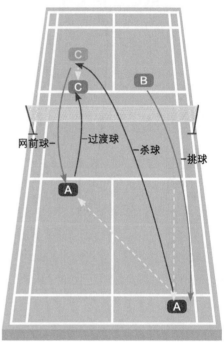

C挑高球，A接球后向B杀对角线球。接着B回网前直线球。A沿着对角线方向移动，向B放网前球（过渡球）。

B挑直线球。A退到后场向C杀对角线球。之后B和C职责互换，重复以上步骤。

🅐 己方　🅑 🅒 对方　击球路线 ——⟶　⟶ 移动路线 ⋯⟶

▶ 接杀球的2对2练习

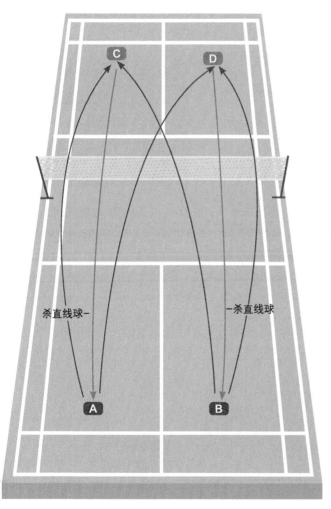

杀直线球—

—杀直线球

A **B** 己方
C **D** 对方
击球路线 ⟶
⟶

小提示

此练习目的是训练球员之间密切配合，让球员能把握防守范围和启动时机，培养球员良好的接杀球的能力。

C和D在原地杀直线球。A和B充分移动以防守对方的进攻。回球时可以交叉回直线球和对角线球。

小提示

此练习中接发球时一定要回球到对方后场，此外，接发球之后要立即摆好接下一个球的姿势，以便迅速应对对方回球。

▶ 推球的2对2练习

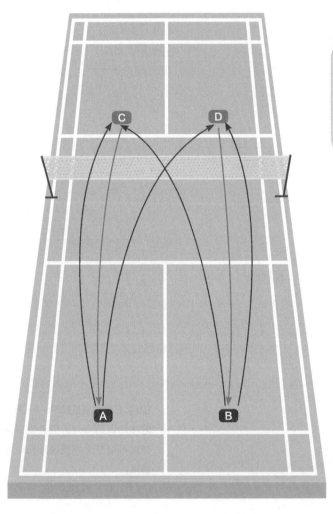

小提示

此练习目的是训练球员之间密切配合，让球员能把握防守范围和启动时机，培养球员良好的接推球的能力。

A B 己方
C D 对方
击球路线 ——→
——→

C和D推直线球。A和B接C和D的推球，回球时既要回直线球，也要回对角线球。

▶ 进攻和平抽球的2对2练习

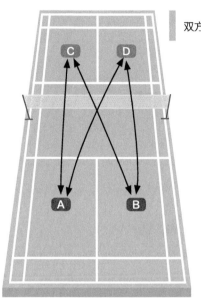

双方对打平抽球。

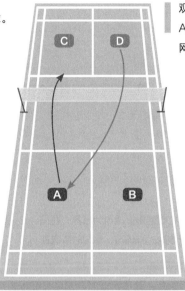

观察到机会球，A直接打到对方网前。

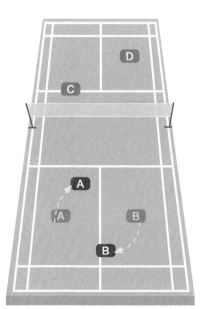

A和B立即转换为前后站位。

A **B** 己方   **C** **D** 对方   击球路线 ——→ ——→

对打路线 ◀——▶   移动路线 ┈┈┈

小提示

此练习目的是在不确定是进攻还是防守的情况下，在对打平抽球过程中，寻找进攻的突破口。

💡 知识点

及时调整站位

比赛过程中快速转换为前后站位是比较重要的。开始的时候保持前后站位有利于展开进攻。在适应了之后，应及时进行攻防转换。

163

▶ 限制打网前球和后场端线附近的2对2练习

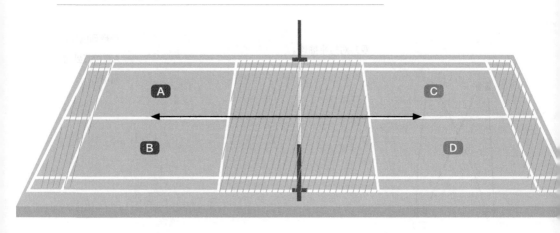

对打平抽球，打到阴影区域内为出界，在指定区域内进行多拍对打练习。练习时争取在高点击球。

▶ 限制打后场端线附近的2对2练习

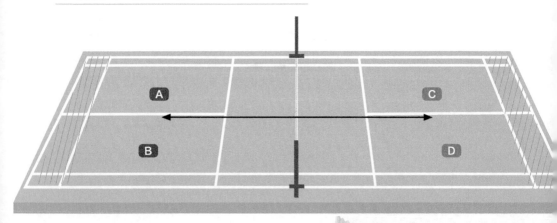

双方对打，打到阴影区域内为出界。

🅐 🅑 己方　　🅒 🅓 对方

对打路线 ◀━━▶　　界外 ///////////

小提示

在此练习中由于不能挑高球，是否能够通过网前的攻防打开有利局面就成为比赛胜负的关键。球员应和队友齐心合合，尽可能创造进攻的机会。

双打常见失误

在羽毛球双打比赛中，如果在过程中抓住对方的一点失误或者破绽，建立并不断放大己方的优势，便可以更好地在比赛中打破对方的防线，赢得胜利。

▶ 前场跑位失误

✗ 错误动作

前场球员由进攻转防守时，在右半区网前挑球后，迅速移向左后场导致与原本应左后场向前移动的搭档跑位重合。这样不仅容易造成混乱，而且跑动耗时较长，不利于防守。

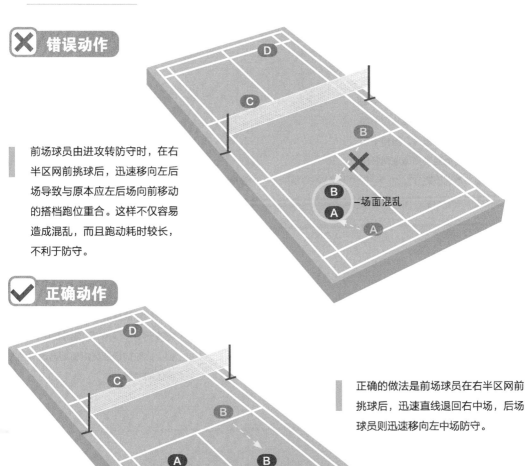

✓ 正确动作

正确的做法是前场球员在右半区网前挑球后，迅速直线退回右中场，后场球员则迅速移向左中场防守。

  己方　　C D 对方　　移动路线

▶ 后场跑位失误

✖ 错误动作

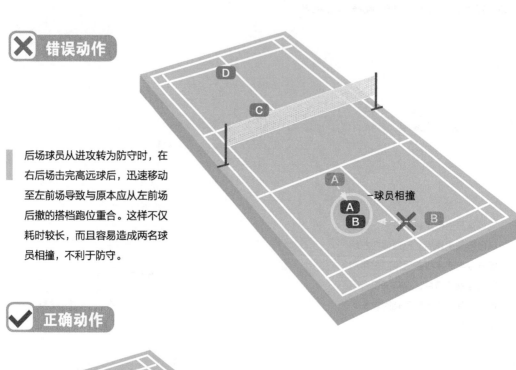

后场球员从进攻转为防守时,在右后场击完高远球后,迅速移动至左前场导致与原本应从左前场后撤的搭档跑位重合。这样不仅耗时较长,而且容易造成两名球员相撞,不利于防守。

✔ 正确动作

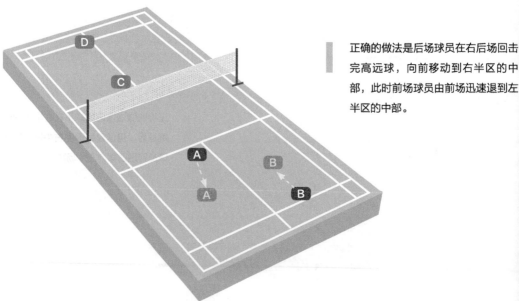

正确的做法是后场球员在右后场回击完高远球,向前移动到右半区的中部,此时前场球员由前场迅速退到左半区的中部。

A **B** 己方　　**C** **D** 对方　　移动路线 ⇢

▶ 前场球员抢中场球

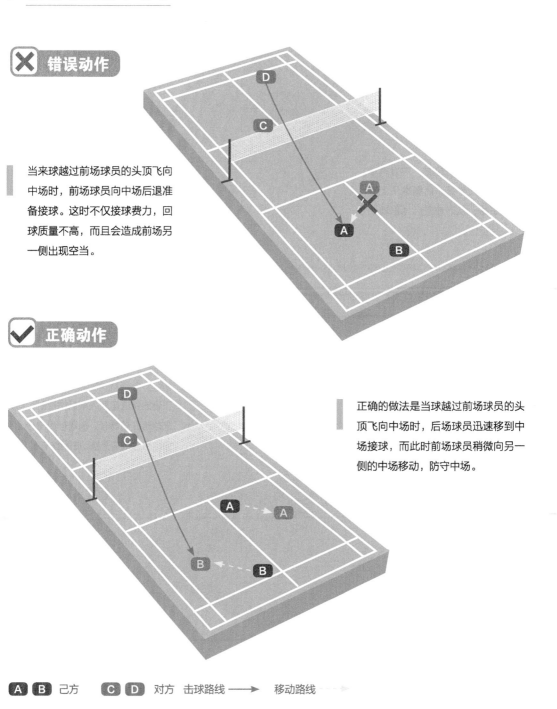

✕ 错误动作

当来球越过前场球员的头顶飞向中场时，前场球员向中场后退准备接球。这时不仅接球费力，回球质量不高，而且会造成前场另一侧出现空当。

✔ 正确动作

正确的做法是当球越过前场球员的头顶飞向中场时，后场球员迅速移到中场接球，而此时前场球员稍微向另一侧的中场移动，防守中场。

A **B** 己方　　**C** **D** 对方　击球路线 ——→　移动路线

▶ 后场球员抢前场球

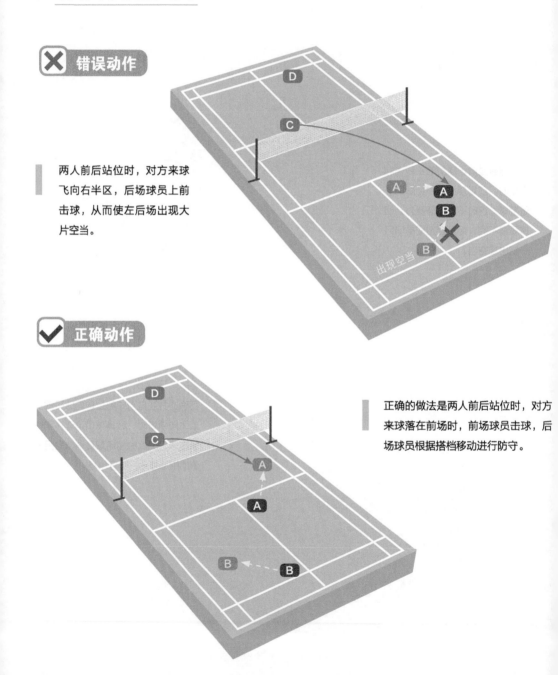

✕ 错误动作

两人前后站位时，对方来球飞向右半区，后场球员上前击球，从而使左后场出现大片空当。

出现空当

✓ 正确动作

正确的做法是两人前后站位时，对方来球落在前场时，前场球员击球，后场球员根据搭档移动进行防守。

A B 己方　　C D 对方　击球路线 ——▶　　移动路线 ┄┄▶

▶ 发后场球后，发球者站位错误

 错误动作

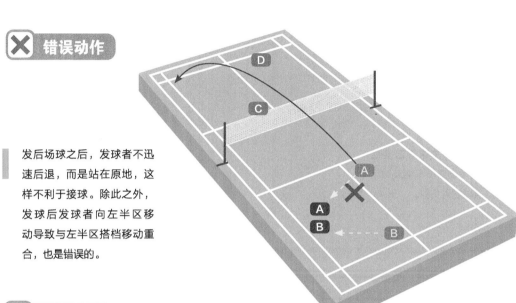

发后场球之后，发球者不迅速后退，而是站在原地，这样不利于接球。除此之外，发球后发球者向左半区移动导致与左半区搭档移动重合，也是错误的。

正确动作

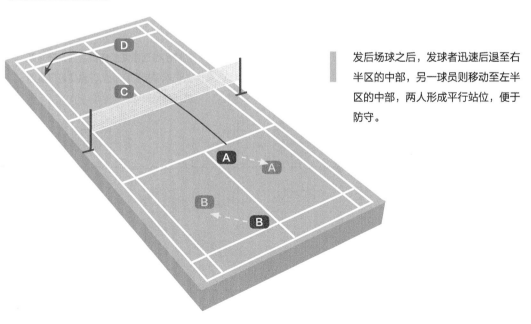

发后场球之后，发球者迅速后退至右半区的中部，另一球员则移动至左半区的中部，两人形成平行站位，便于防守。

A **B** 己方　　**C** **D** 对方　击球路线 ——→ 移动路线

▶ 发前场球后，发球者站位错误

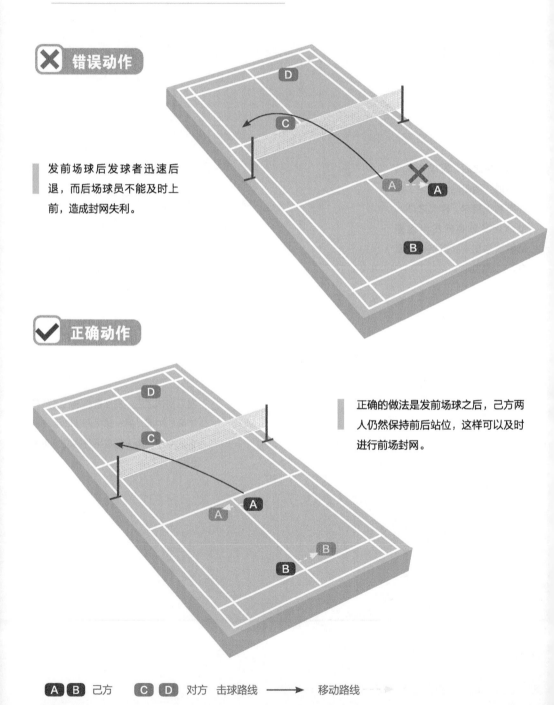

✗ 错误动作

发前场球后发球者迅速后
退，而后场球员不能及时上
前，造成封网失利。

✓ 正确动作

正确的做法是发前场之后，己方两
人仍然保持前后站位，这样可以及时
进行前场封网。

🅐 🅑 己方　　🅒 🅓 对方　击球路线 ——→　移动路线

第 9 章
体能训练

力量练习

　　羽毛球运动作为一项高强度对抗性的运动，对身体综合素质的要求比较高。在体能训练中，力量练习是基础的训练内容之一。下面介绍一些简单的力量练习。

▶ **俯卧撑**

扫码看视频

身体成俯撑姿势，双臂伸直垂直撑于地面，双手距离稍比肩宽，双脚脚尖撑地，核心收紧，身体成一条直线。

小提示

全程核心收紧，不要塌腰，身体从头到脚呈一条直线。

双臂屈肘向下，直至胸部几乎碰到地面，上臂与躯干夹角约为45度。

胸部、手臂发力快速推起身体，恢复至起始姿势。重复练习。

▶ 跳箱-臂屈伸

扫码看视频

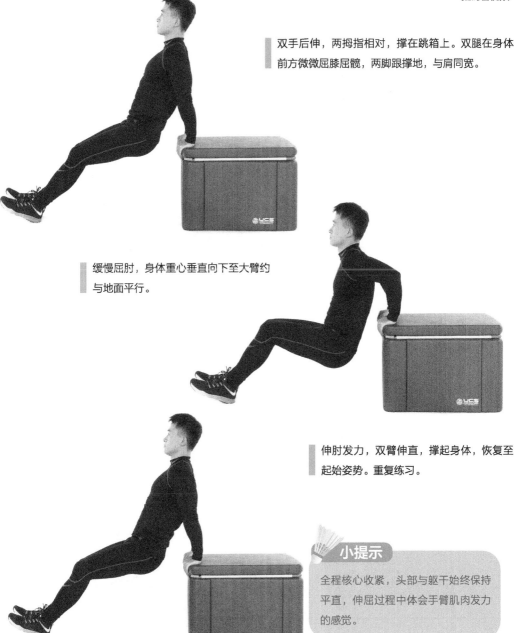

双手后伸，两拇指相对，撑在跳箱上。双腿在身体前方微微屈膝屈髋，两脚跟撑地，与肩同宽。

缓慢屈肘，身体重心垂直向下至大臂约与地面平行。

伸肘发力，双臂伸直，撑起身体，恢复至起始姿势。重复练习。

小提示

全程核心收紧，头部与躯干始终保持平直，伸屈过程中体会手臂肌肉发力的感觉。

▶ 仰卧起坐-直腿-腰部扭转

扫码看视频

身体成仰卧姿势，双腿伸直，稍比肩宽，背部紧贴地面，双臂交叉抱胸。

腹部发力，使躯干离开地面至与地面成45度，双腿保持不动。

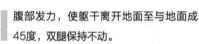

保持背部挺直，躯干向左右各旋转一次，双臂姿势不变，恢复至起始姿势。重复练习。

小提示

颈部不要发力。对于初学者，要避免回到起始姿势时速度过快而借用惯性起身。

▶ 仰卧-超人

扫码看视频

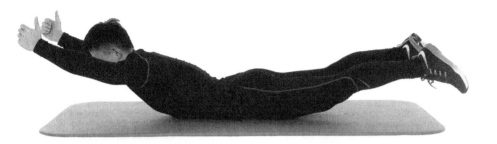

身体成俯卧姿势，躯干处在中立位，双臂于双耳两侧，在头部前方伸直，双手握拳，大拇指朝上，双腿伸直，身体成一条直线，仅胸腹至大腿部位接触垫面。

核心收紧，背部肌群发力，向后伸展，双臂与双腿向上抬起，使身体成弓形。恢复至起始姿势。重复练习。

🏸 小提示

双臂和双腿向上抬起时保持伸直，躯干整体保持稳定，过程中体会背部和臀部肌肉发力的感觉。

扫码看视频

▶ **臀桥-静态**

小提示

全程核心收紧，脚跟撑地，脚尖抬起。

身体成仰卧姿势，双臂自然置于身体两侧，屈髋屈膝，脚尖勾起。臀部收紧抬起，直至肩、躯干、髋和膝在一条直线上，保持该姿势15~30秒。

▶ 徒手蹲

扫码看视频

🏸 **小提示**

保持核心收紧，背部平直，下蹲时膝关节不要超过脚尖。

身体自然直立，双脚开立与肩同宽，背部挺直，腹部收紧，双臂伸直向前平举。

上半身姿势保持不变，屈髋屈膝下蹲至大腿与地面平行。快速站起，恢复至起始姿势。重复练习。

▶ 弓步-对角线

扫码看视频

🏸 **小提示**

全程保持核心收紧，背部平直，迈步腿膝关节不要超过脚尖。

▌ 身体自然直立，双脚并拢，双手叉腰，背部挺直。

▌ 身体向一侧转体约45度，同时一侧腿屈髋屈膝，向45度方向朝前迈步，直至大腿与地面平行，后侧大腿与地面垂直。

▌ 前侧腿蹬地发力，伸直站起，使身体恢复至起始姿势。换对侧重复以上步骤。两侧交替重复练习。

速度练习

羽毛球体能训练中,速度练习是核心。羽毛球运动对体力的消耗大,运动持续的时间长,从始至终都对速度的要求较高。下面介绍一些简单的速度练习。

▶ 高抬腿连续跨羽毛球

扫码看视频

准备7~8个羽毛球,将其等间距地排成一列,2个羽毛球之间的距离以不影响跳跃动作为宜。

站在羽毛球列的一端,开始向前做高抬腿跑动作,每次落脚点在2个羽毛球之间的空位。

完成规定的次数。

▶ 双脚跳过羽毛球

扫码看视频

小提示

运动过程中起跳不要太高，中途不要停，要保持节奏。

将7~8个羽毛球等间距地排成一列，双脚并拢，向前逐一跳过羽毛球，或者身体朝向一侧逐一跳过羽毛球。

▶ 并步穿过羽毛球

扫码看视频

▍准备5个羽毛球，将其等间距地排成一列，2个羽毛球之间的距离以不影响跳跃动作为宜。站在羽毛球列的一端做准备。

小提示

右脚穿过羽毛球的同时，左脚跟上。注意要从2个羽毛球的中间穿过。

▍左脚蹬地发力，身体向右跃起，使右脚落在羽毛球的右前方，左脚落在羽毛球的后方。重复动作，直至用并步穿过所有羽毛球。

▶ 左右交叉小跳

扫码看视频

▌ 身体自然直立，双脚开立与肩同宽，双臂置于身体两侧。

▌ 双脚同时跳起，落下时双脚前后交叉，然后再次跳起，双脚在空中迅速打开并下蹲，接着再跳起换另一只脚在前交叉落地，如此重复练习。

▶ 前后分腿小跳

扫码看视频

▌ 身体自然直立，双脚开立与肩同宽，双臂置于身体两侧。

▌ 双脚同时跳起，落地时双脚前后分开，然后迅速再次跳起，双脚交换交叉落地，如此重复练习。

▶ 四方跳

扫码看视频

身体自然直立，双脚开立，双手叉腰，背部挺直。

双膝微屈，双脚向后跳一步，接着向右侧跳一步。

四方跳动作轨迹

分别按照顺时针和逆时针的顺序跳四方步。

按照同样的方法向前、向左分别跳一步，回到起始位置后向反方向重复练习。

扫码看视频

▶ 栏架-敏捷-纵向-Z字-左右并步

屈膝屈髋约1/4蹲位，站于栏架的一侧，双脚开立，双臂伸直放于身体两侧。

远离栏架一侧的脚蹬地发力，靠近栏架一侧的脚侧向移动至栏架间，该侧腿屈膝屈髋。

另一侧腿跟进。接着以相同的方法以"Z"字形向前移动。重复以上动作直到通过所栏架。换另外一侧重复练习。

▶ 栏架-脚步-前前后后-横向移动

扫码看视频

并排间隔放置四个栏架，身体直立站于第一个栏架后侧，双脚开立，双臂自然下垂。

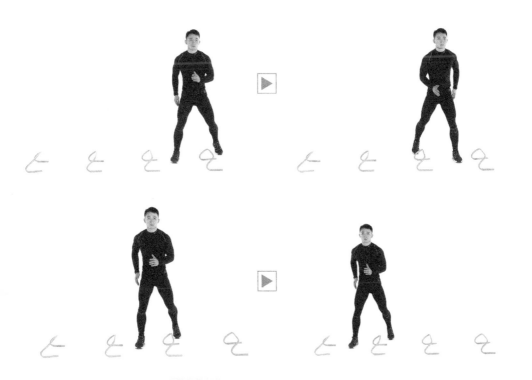

左侧脚蹬地，右腿迅速抬起向第一个栏架与第二个栏架之间跨越。左腿随之跟步于第一个栏架与第二个栏架之间，接着右腿撤向第二个栏架后侧，左腿跟步，用同样的方法通过所有栏架。换另一侧重复练习。

爆发力练习

在羽毛球比赛中，尤其是在专业的赛场，运动员需要借助优秀的爆发力来完成动作。爆发力跟身体素质、技术特点都有很大的关系。下面介绍一些简单的动作来训练爆发力。

▶ 开合跳

扫码看视频

身体自然直立，双脚开立，双臂置于身体两侧。

保持腹部收紧，双脚蹬地发力向上跳起，双臂打开并向头顶上伸至双手轻轻触碰，同时双腿打开。下落的同时，双臂下摆，双脚靠拢。重复以上步骤，并完成规定的次数，恢复起始姿势。

▶ 弓步跳

扫码看视频

身体成弓步姿势。前侧腿的大腿与地面平行，后侧腿膝部接近触地。挺胸收腹，下颌微收，双手放在身体两侧，自然摆放。

双脚蹬地发力向上跳起，并交换双腿的前后位置，同时双臂向上摆动。

▶ **垫步跳-纵向**

扫码看视频

> 身体自然直立，双脚开立与肩同宽，双臂置于身体两侧。

> 保持躯干挺直，腹部收紧，抬一侧腿至大腿与地面接近平行，双臂自然摆动。抬起腿落地的同时用力蹬地，在前脚掌接触地面的瞬间，快速做一个原地垫步跳，调整重心，换另一侧腿抬起至大腿与地面接近平行。

▶ **俯卧撑-推起离地**

扫码看视频

> 身体成俯撑姿势，双臂伸直垂直撑于地面，双脚脚尖撑地，核心收紧，身体成一条直线。

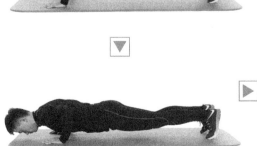

> 双臂屈肘向下，使身体尽量贴近地面。

> 双臂伸肘快速发力、伸直，快速、爆发式地推起身体，使双手离开地面，此时身体依然成一条直线。

▶ 药球-分腿姿-过顶抛球

扫码看视频

双脚前后开立，核心收紧，腰背挺直，双手紧握药球，举在胸部前方。接着保持躯干挺直，双手用力快速向上将药球举过头顶。

双手以最大力量快速抛出药球，之后重复练习。

▶ **药球-分腿姿-旋转抛球**

扫码看视频

双脚前后开立，核心收紧，腰背挺直，双手紧握药球，举在腹部前方。臀部后坐至前腿大腿与地面成60度角，同时躯干向前微屈，双臂向前腿外侧下方移动，将药球放在髋部外侧。

双腿蹬直，手臂向前伸直并以最大力量快速抛出药球，之后重复练习。

▶ 壶铃-爆发力甩摆

扫码看视频

▌ 双手紧握壶铃把手，缓慢屈髋屈膝下蹲，同时躯干向前倾斜，保持
壶铃与身体有一定距离且底部接触地面。接着双手握住壶铃，核心
收紧向后甩壶铃，将其从两腿间甩过。

小提示

运动过程中要注意，甩摆
的过程中动作要连贯，核
心收紧，腰背挺直，肩关
节保持稳定。

▌ 下肢肌群协同发力，快速伸髋伸膝，向上
站起。手臂跟随躯干向上甩摆壶铃，甩摆
过程中手肘略微屈曲。

▌ 壶铃自然下摆至两腿后方。恢复起始姿势，重复规定的
次数。

▶ 跳箱-跳深练习

扫码看视频

身体直立站于跳箱边缘，一侧腿部支撑身体，对侧腿向前伸，处于悬空状态，双臂伸直举过头顶。

躯干向前倾斜，使身体自然下落，同时以双腿屈髋屈膝、双臂向后摆动的姿势落地，接着再次向上摆动双臂，躯干直立，下肢肌肉发力，双脚蹬地，使身体向上跳起。

小提示

落地时要注意膝关节不要内扣，不要超过脚尖。在腾空阶段，体会躯干发力控制整个身体的感觉。

下落时恢复屈髋屈膝和双臂后摆的姿势。

恢复起始姿势。换另一侧重复练习。

191

编者简介

姚雪

　　广东省羽毛球队女单主教练，国际级运动健将。曾获奖项：2014年马来西亚羽毛球黄金大奖赛女单冠军；2009年全国青年羽毛球锦标赛女单亚军、团体季军；2013年全运会女团季军；2013年马来西亚羽毛球公开赛、印度尼西亚羽毛球黄金大奖赛女单亚军；2010年越南羽毛球黄金大奖赛季军；2010越南羽毛球公开赛、2013年新西兰羽毛球公开赛、2014年马来西亚羽毛球公开赛、2014年中国羽毛球大师赛、2015年中国羽毛球国际挑战赛女单四强。